Outsourcen van IT

BIM Press

Faculteit Digitale Media en Creatieve Industrie **Programme Management**

Outsourcen van IT

Over de muren van culturen

Hogeschool van Amsterdam

ISBN: 978-90-79646-39-5
NUR: 812

BIM-Press
Eerste druk 2018
Eindredacteuren: Stijn Buitenhuis, Stan Visscher en Marcelo Fuentes
Reekscoördinator: Sander Schroevers
Kaftontwerp en -afbeelding: Marcelo Fuentes
Eindredactie Nederlands taalgebruik: A. van Groningen
Binnenwerkontwerp: Sander Schroevers, Jaguar Print
Logo-ontwerp: Erica Frank, Designer Gráfico, Vitória, Espirito Santo, Brazilië

Inhoudsopgave

Voorwoord

De Nederlandse arbeidsmarkt is voor het eerst sinds de hoogconjunctuur van 2008 weer gespannen. Met name in de IT-bedrijfstak is de vacaturegraad zeer hoog. De wereld internationaliseert en communiceert in een ongekend tempo, niet in het minst door de grenzeloze mogelijkheden van internet. Nu wil het feit dat er meer gecommuniceerd *kan* worden, nog niet zeggen dat er per definitie ook beter gecommuniceerd *wordt*. Als gevolg hiervan zien we dat steeds meer outsourcende ondernemingen naast kostenreductie waarde beginnen toe te kennen aan zaken als cultuurcomptabiliteit, reisafstand en tijdzones.
Deze eerste uitgave van 'Outsourcen van IT, over de muren van culturen' biedt de lezer een overzicht van de huidige outsourcing-stand van zaken voor de landen: Estland, China, India, Indonesië, Litouwen, Maleisië, Polen, Roemenië en Rusland. Dit boek toont aan dat het simpelweg uitrollen van een workflow over de grens een risico kan insluiten. Landeigen conventies blijken in het internationale bedrijfsleven toch vaak een onderschat aspect. Want te vaak ontleent men zekerheid aan het projecteren van m.n. Noord-Amerikaanse bedrijfsmatige modellen en schenkt men weinig aandacht aan cultuurverschillen.
Dit boek; 'Outsourcen van IT, over de muren van culturen' bevat hoofdstukken van deelnemers aan het programma-managementsemester, aangeboden door de deeltijdopleiding van Business IT & Management aan de Hogeschool van Amsterdam. De volgende co-auteurs leverden een bijdrage: Stijn Buitenhuis, Christiaan van Driel, Marcelo Fuentes, Steven Gietelink, Rick Lagerwij, Pim Loor, Daniëlle Moinat, Maarten Pit, Nurley Purperhart, Adam Rymaszewski, Robin Schoegje, Timothy Siebes, Ricky de Ruiter, Wouter van Ruijven, Volmer Verbeek, Stan Visscher, Michael Visschers en Sander Schroevers.
Bijzondere dank is verschuldigd aan de eindredacteuren Stijn Buitenhuis, Stan Visscher en Marcelo Fuentes , die met een overtuigende motivatie en inzet de uitdaging van het project zijn aangegaan. Marcelo heeft daarnaast ook de kaft nog vormgegeven. Tezamen hebben zij een mooi boek gemaakt, waarin ik u leesplezier toewens!

Sander Schroevers

Inleiding

2018, een wereld waarin de globalisering hoogtijdagen viert en de digitalisering in de samenleving niet meer weg te denken is. Nederland kampt met een schaarste aan goed geschoolde IT-medewerkers en Nederlandse bedrijven gaan in grote getalen op zoek naar mogelijke alternatieven. Het is tegenwoordig bijna essentieel om te gaan outsourcen, een logisch gevolg van de huidige stand op de Nederlandse IT-arbeidsmarkt. Het goede nieuws is, dat er zijn nog veel landen met voldoende goed geschoolde IT-ers zijn. Daarbij speelt verder dat als het gaat om gemiddeld loon, deze over het algemeen ook nog eens als goedkoper gelden. De praktijk leert ons dat het niet altijd makkelijk is om succesvol te outsourcen, maar met een correcte instelling, een goede voorbereiding en een gezond portie doorzettingsvermogen ligt succes binnen handbereik.

Rond de jaren '90 begon in Nederland het zakelijk outsourcen van een verscheidenheid aan werkzaamheden (waaronder IT-activiteiten) op gang te komen. Erg veel Nederlandse bedrijven zochten manieren om kostenbesparingen door te voeren en kwamen veelal uit bij het outsourcen van werkzaamheden naar het buitenland. Met name betrof dit de welbekende lagelonenlanden als India en China. Het leek op het eerste gezicht een ideale oplossing om kosten te drukken en zo uit te komen op meer winst. Echter na enige tijd bleken veel bedrijven van "een koude kermis thuis te komen". Vooral in de dienstensector. De cultuurverschillen waren soms dermate groot dat het gewenste resultaat uitbleef, en in sommige gevallen werd er zelfs een beslissing gemaakt om de hele operatie op te doeken en terug te keren naar Nederland. Natuurlijk werd er rekening gehouden met een zogenaamde "learning-curve",maar dat de uitdagingen en culturele obstakels dermate groot waren had niet iedereen voorzien.

Muren van culturen

Vanzelfsprekend is voor sommige bedrijven het uitblijven van succes van outsourcen, in de jaren '90 en het begin van deze eeuw, niet alleen veroorzaakt door culturele verschillen, maar het heeft volgens vele onderzoekers wel een doorslaggevende rol gespeeld. Het is dus belangrijk dat men zich bewust is van de impact van de culturele verschillen die komen kijken bij outsourcen. Terugkijkend naar voornoemde jaren '90 hebben deze veel kennis en inzicht verschaft. Vooral van de bedrijven die succesvol zijn geweest en in staat zijn gebleken de voordelen op de korte en lange termijn te behalen. Die bedrijven hebben samen met de Nederlandse ambassades netwerken opgebouwd en helpen nu andere Nederlandse bedrijven om een succesvolle start te maken met outsourcing. Voor Nederland is dit uiteraard erg belangrijk. Niet alleen de Nederlandse bedrijven profiteren van outsourcing, ook de overheid profiteert mee. De internationale handel die gecreëerd wordt levert de schatkist geld op door belastingen. Nederlandse ambassades spelen een grote rol in het succes maar daarnaast zijn het ook de bedrijven die verantwoordelijk zijn geweest voor het creëren van "Nederlandse" netwerken. Door een goede reputatie op te bouwen wordt er vertrouwen gekweekt en dat brengt vervolgens de internationale handel op gang. Als het gaat om het outsourcen van werkzaamheden is het overbruggen van de culturele verschillen belangrijk te noemen. In dit boek treft de lezer een algemeen overzicht, cijfers en statistieken, culturele pointers en tips voor het succesvol outsourcen van IT naar negen landen, namelijk: India, Maleisië, Indonesië, Rusland, Litouwen, Estland, Polen en Roemenië. Een interessante mix van traditionele outsourcing landen (veelal lagelonenlanden) en opkomende landen die zeer interessant zijn voor het outsourcen van IT en praktisch om de hoek liggen.

Marcelo Fuentes

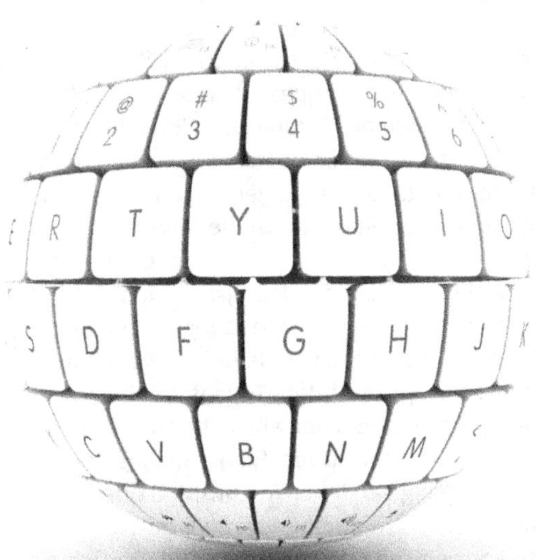

Polen

Daniëlle Moinat & Maarten Pit

De Republiek Polen is een land in Midden-Europa met bijna 38,5 miljoen inwoners in 2017. Qua grootte in landoppervlakte staat het land op de negende plek in Europa. Wat de economie betreft staat het land momenteel op de zesde plek in Europa. Polen is het enige Europese land dat zichzelf redelijk buiten de recessie heeft weten te houden die Europa sinds 2008 in haar greep hield. Ruim 20 jaar aan economische groei, het lidmaatschap van de Europese Unie en de politieke stabiliteit hebben het land goed gedaan en is het land alsmaar aantrekkelijker geworden voor buitenlandse bedrijven. Polen profileert zich als een aantrekkelijk land om IT-werkzaamheden naar te outsourcen, mede vanwege het hoogopgeleide personeel. Jaarlijks komen er een half miljoen hoogopgeleide afgestudeerde Polen bij waardoor er een belangrijke talentpool kan worden aangeboden. Het niveau van de universiteiten in Polen is erg hoog in vergelijking met andere Europese landen. Tevens spreken de nieuw afgestudeerde Poolse medewerkers ook absoluut hun talen. In de grotere outsourcingkantoren wordt Engels, Duits, Frans, Spaans, Italiaans en Russisch gesproken. De centrale ligging van Polen in Europa is ook gunstig voor Nederlandse bedrijven die willen outsourcen naar Polen. De bereikbaarheid van Polen is met diverse vormen van transport erg goed. Verder is de reisduur naar Polen kort wat het makkelijk en niet al te duur maakt om daar op regelmatige basis naartoe te reizen. Tot slot is er geen tijdsverschil wat het zakendoen ten goede komt omdat daar geen rekening mee gehouden hoeft te worden.
De meest ontwikkelde steden voor wat betreft outsourcing, ook wel de zogenaamde tier 1 steden, zijn Krakow, Warschau en Wroclaw. In deze steden staan de grote universiteiten en wonen de meeste studenten. Tevens vestigen grote internationale bedrijven zich hier graag. Denk hierbij aan IBM, Google en Motorola. Krakow stond in 2013 op de 10e plek in de wereldranglijst als belangrijkste outsourcing bestemming. In 2017 was Polen de nummer 1 outsourcing bestemming in Oost-Europa. Daarnaast zijn de opkomende steden, of steden met lagere capaciteit voor wat betreft bedrijfsgrootte, erg in opkomst. Een aantal voorbeelden zijn: Gdansk, Lódz, Poznan en Katowice. Ondanks dat je in Polen alle kanten op kan voor wat betreft outsourcen, steken een paar

richtingen er met kop en schouders bovenuit, namelijk BPO (Business Process outsourcing) en SSC (shared service centre). Om een beeld te geven heeft bijvoorbeeld Credit Suisse in 2016 een groot kantoorpand geopend van 7,5 duizend vierkante meter in Warschau. Als ook Goldman Sachs een kantoorpand van 5000 vierkante meter. De overige veel geziene outsourcing mogelijkheden bestaan uit ITO (Information technology outsourcing) en R&D (Research & Development). Er wordt geschat dat er in de informatietechnologie sector ongeveer 340.000 mensen werkzaam zijn. Kijken we dan bijvoorbeeld alleen naar BPO, dan is deze sector volgens cijfers van een onderzoek uit 2014 voor 29% aandeelhouder van de werkgelegenheid in deze sector. Als we vervolgens gaan kijken naar de programmeertalen die Poolse werknemers machtig zijn, worden de meest gebruikte ook hier geleverd. Het gaat dan om Java, C#, /.NET, C++, Python en Java Script. In het onderzoek naar Polen als IT-outsourcing land is contact gezocht met dhr. Rob Rombout, een van de partners van het bedrijf Algoteque. Algoteque is een Pools Nederlands bedrijf dat gespecialiseerd is in outsourcing van een breed scala aan outsourcingdiensten van Nederland naar Polen.

Cijfers en statistieken

In onderstaande tabel zijn gemiddelde salarissen van beide landen te vinden;

Loopbaan Software Developer	Nederland	Polen
Medior (2-4 jaar)	€3500,-	€1500,-
Senior (4+ jaar)	€5000,-	€2250,-

Salarissen zijn uitgedrukt in Euro's en bruto per maand

De beroepsbevolking van Polen beslaat met ongeveer 18,2 miljoen werkenden 47% van de totale bevolking. Polen is daarmee het land met de grootste beroepsbevolking in Centraal-Europa en is tevens een van de jongste beroepsbevolkingen, gezien het feit dat het grootste deel van de beroepsbevolking jonger is dan 34 jaar. Daarnaast leveren de Poolse universiteiten per jaar ongeveer 15000 IT-specialisten. Er zijn in totaal meer dan 450 outsourcing "centra" in Polen met een beroepspopulatie van ongeveer 140.000 mensen. Volgens voorspellingen zullen er 200.000 banen gegenereerd worden in 2017 door de succesvolle IT-markt in Polen. Onderzoek naar cijfers uit een Pools rapport, geschreven in opdracht van de

Poolse versie van het CBS, *Statistics Poland*, wijst uit dat Nederland eind 2015 de topinvesteerder was in Polen, zelfs voor onze oosterbuur Duitsland. Dat wijst op een groot vertrouwen van de Nederlandse ondernemers in de Poolse economie evenals in de Poolse werknemers.

Land	Investering in miljarden
Nederland	30,3
Duitsland	27,3
Luxemburg	19,3
Frankrijk	17,9

Bron: Economic activity of entities with foreign capital in 2016

Cultuur

Polen is een Oost-Europees land en de culturele verschillen lijken minimaal te zijn. Toch is er een aantal zaken die de moeite waard zijn om in te verdiepen wil het meeste profijt uit de zakelijke relatie gehaald worden. Poolse werknemers staan bekend om hun hoge productiviteit en loyaliteit. Dat is vaak ook de reden dat Nederlandse bedrijven voor Polen kiezen als land om IT-werkzaamheden naar te outsourcen. Waar Nederlanders kieskeurig kunnen zijn en graag socialiseren, zijn Poolse werknemers minder kieskeurig en minder geneigd tot social talk. De *mindset* is zoals uit diverse interviews is gebleken: vertel maar wat er gedaan moet worden en ik zorg ervoor dat het afkomt'. De omgang met Polen in de privésfeer staat in schril contrast met de wijze waarop men over het algemeen buiten de werkvloer de Polen ervaart. Polen zijn privé zeer gastvrij en een uitnodiging voor eten heb je zo te pakken. Als je moet blijven slapen, zal dit ook geen probleem zijn. Polen zijn over het algemeen minder individualistisch dan in Nederland. Familie maakt een groot deel uit van het dagelijks leven. Een Pool is daarnaast erg trots op de rijke historie van zijn land en heeft daardoor wellicht wat moeite met kritiek op het land waar hij van houdt. Pas hier dan ook mee op.
De cultuurverschillen tussen Nederlandse en Poolse werknemers zijn niet heel erg groot, maar er is wel een aantal verschillen waarmee rekening gehouden dient te worden. De reden voor de heer Rombout om te gaan outsourcen naar Polen, was de combinatie kosten/kwaliteit. Poolse werknemers zijn niet veel goedkoper dan Nederlandse werknemers, maar de productiviteit ligt bij Poolse werknemers veel hoger. Daar zit de voornaamste

kostenbesparing. Tel daar de hoge kwaliteit van het personeel bij op en dan heb je je winst te pakken. Het kan dus een valkuil zijn om te denken dat je voor weinig geld aan personeel kunt komen. Het is een optelsom van meerdere factoren dat maakt dat outsourcen naar Polen voor jou aantrekkelijk kan zijn. Als het belangrijkste doel is om de IT-werkzaamheden zo goedkoop mogelijk te laten uitvoeren, is de keuze voor het outsourcen naar een lageloonland de beste optie. Voor de manier van werken kun je ook zeker terecht in Polen. Rob Rombout vertelt ons namelijk dat ze in Polen het werken op Agile en Scrum basis hebben omarmd. Dit zal de oplevering en samenwerking tussen de outsourcing bedrijven en de Nederlandse inhuurders ten goede komen omdat men in staat is om beter de vinger aan de pols te houden. De klant kan tijdig bijsturen en er is veelvuldig contact tussen Polen en Nederland. Dit bevordert de kwaliteit van het op te leveren product of dienst.

De weg naar succes

Een goede voorbereiding vergroot de kans op succes. Het is spannend om in een avontuur te stappen, maar om op de lange termijn succesvol te worden is het van belang om goed onderzoek te doen naar wat goed past bij het bedrijf en wat de verwachtingen zijn. Daarmee bedoelen we dat vooraf goed wordt nagedacht over het waarom en welk type werkzaamheden er geoutsourcet kunnen worden. Naast het waarom is het goed om het hogere doel scherp in beeld te hebben en te houden. Is het juiste personeel in Nederland niet te verkrijgen of is dat wel het geval en gaat het voornamelijk om goedkoper personeel om de kosten voor het bedrijf te drukken. Verken de mogelijkheden en treed in gesprek met bedrijven die deze stap al gemaakt hebben. Welke fouten hebben zij gemaakt en welke tips kunnen zij geven. Na de goede voorbereiding blijkt het toch een goede stap te zijn om een deel van de werkzaamheden te outsourcen naar Polen. Om misverstanden te voorkomen, is het aan te raden om kennis te nemen van de Poolse cultuur. Op het eerste gezicht verschilt die niet veel van de Nederlandse cultuur, maar het zijn soms net die kleine dingen die grootse frustraties kunnen veroorzaken. Denk hierbij aan de Nederlandse directheid of hoe Poolse werknemers met hiërarchie omgaan. Wederzijds begrip en respect zullen de zaken goed doen.

Roemenië

Volmer Verbeek & Christiaan van Driel

Roemenië, dat ligt in zuidoost Europa en grenst aan buurlanden Oekraïne, Moldavië, Bulgarije, Servië en Hongarije is in opkomst als outsourceland. Een Franse blad zegt over de Roemeense stad Cluj zelfs: *"Since Romania's accession to the European Union, in 2007, this student city from Transylvania (Cluj) has become the eldorado of IT offshoring"*.
In 2007 trad Roemenië tot de Europese Unie, waarna de financiële en zakelijke sluizen opengingen, aanvankelijk was er sprake van een 'braindrain' waarbij de hoogopgeleide bevolking naar het buitenland vertrok. Inmiddels is die trend helemaal teruggedraaid en heeft Roemenië juist een aanzuigende werking. Roemenië is sterk groeiend in meerdere sectoren, met name in IT. Ter illustratie, al sinds 2010 plaatst 'The Economist intelligence Unit' Roemenië op het gebied van de concurrentiepositie van de IT-sector boven India, Rusland of China. Na het Engels is het Roemeens een van de meest gesproken talen op het hoofdkantoor in Seattle van Microsoft (Lonely Planet, 2015). Het van oudsher Romaanse land telt 21.529.967 inwoners, kent Boekarest als hoofdstad, ook wel *Klein Parijs*, en dat is dé stad om naartoe te gaan. Boekarest zelf telt 2.354.737 inwoners. De 'Leu' is de Roemeense munteenheid. Eén leu is opgedeeld in 100 bani.

Cijfers en statistieken

De potentie van de Roemeense IT-sector is uitzonderlijk groot. Daar waar het eerst leeg liep van goed IT geschoolde mensen, draagt het nu weer bij door het zijn van een van de snelst groeiende sectoren in Oost- en Centraal-Europa. Dit is te danken aan het grote aantal hoogopgeleide IT-specialisten die naast hun technische kennis ook taalkundige vaardigheden hebben. In 2015 is gebleken dat Roemenië 93.000 werknemers kende die zich hebben gespecialiseerd op dit gebied. Door de toename van grote multinationals en een zeer degelijk onderwijssysteem dat zich focust op IT zal dit aantal exponentieel toenemen naarmate de jaren vorderen. Dit zorgt er mede voor dat Roemenië als een aantrekkelijke zakenpartner gezien wordt voor de Nederlandse ondernemer. Er zijn veelbelovende kansen voor een variatie aan sectoren, waarvan ICT (software en IT-diensten) er één is.

De toename van outsourcen naar Roemenië is dus al jaren mede het gevolg van een afnemend aantal hoogopgeleide afstudeerders in de studierichting informatica in Nederland, en dan met name in de richting van software-ontwikkeling. Het aantal afgestudeerden in de studierichting informatica zit sinds "2003/2004" tot en met eind "2017" al gemiddeld tussen de 3000 á 4000 per jaar, met een enorme dip in "2008/2009". Met een toenemende vraag en een gelijkblijvend aanbod ontstaat het structureel tekort aan de hoogopgeleide IT'ers. Wanneer de vergelijking wordt getrokken met Roemenië dan is te zien dat het jaarlijks aantal afgestudeerden ongeveer rond de 8500 ligt, wat meer dan het dubbele is vergeleken met Nederland. De spreiding van IT-talent in Roemenië zit voornamelijk in de steden Boekarest, Cluj-Napoca, Lasi, Timisoara en Brasov. Boekarest is van deze steden de nummer één en heeft veruit de beste kwalificaties wat betreft outsourcing. Cluj-Napoca zit hier van de overige steden het dichtst tegenaan.

Kijken we naar de economie van Roemenië: sinds 2012 is er duidelijk een stijgende lijn waar te nemen wat betreft de economische groei. Met een verwachting van 1% groei in 2012, wat uiteindelijk uitgekomen is op 0,7%. Het reële BBP oversteeg de groeiverwachtingen tijdens de periode 2013-2016 met een jaarlijkse groei van 3,5% à 4,5%. Hierdoor was Roemenië één van de EU-lidstaten met de hoogste economische groei. De economische activiteit zal naar verwachting verder toenemen in de komende jaren (3,2% in 2017 en 3,3% in 2018). Indrukwekkend is het gegeven, dat de IT-sector in deze periode met 4,3% is toegenomen tot een waarde van 2,92 miljard USD. De samenstelling bestond voor 70,3% uit hardware, 14,8% uit software en 14,9% uit IT-diensten. De verwachting is een samengesteld jaarlijks groeipercentage van 2,4% voor de IT-sector tot een waarde van 3,37 miljard USD in 2017. Binnen de IT-sector is de verwachting dat de toename vooral zichtbaar zal zijn in de softwaremarkt.

In het begin bij het ontstaan van het outsourcingconcept, lagen de keuzes vooral in het kostenperspectief. Er waren kansen voor bedrijven om de winst te optimaliseren met het outsourcen van softwareontwikkeling naar landen als China en India. Vanwege de lage gemiddelde inkomens konden zij besparingen realiseren op de arbeidskosten. Een reden om te kiezen voor outsourcing kan natuurlijk nog steeds binnen dit kostenreductieperspectief vallen. Een vergelijking in salaris op basis van de functie softwareontwikkelaar geeft in de onderstaande tabel de verschillen tussen Nederland en Roemenië weer.

Loopbaan Software Developer	Nederland	Roemenië
Junior (0-2 jaar)	2000-3000	1.000-1.562
Medior (2-4 jaar)	3000-4000	2.130-2.982
Senior (4+ jaar)	4000-6000+	3.124-4.970

Salarissen zijn uitgedrukt in Euro's en bruto per maand

Cultuur

"Cultuur is wat overblijft, als je alles wat je hebt geleerd bent vergeten" (deze spreuk hangt in een buurthuis in de stad Boekarest). Roemenië is een land met een rijke en turbulente geschiedenis. Het wordt omringt door Slavische landen en heeft diverse landschapssoorten met ongerepte natuur waaronder oerbossen en wijde vlaktes. Tot halverwege de 20ste eeuw was Roemenië een land van kleine landelijke plaatsen en leefden de mensen op het land en in de natuur. Na de Tweede Wereldoorlog kwam Roemenië onder Sovjetbeheer dat de communisten in het land aan de macht hielp. In 1952 maakte Roemenië zich relatief los van de USSR en ging met een eigen communistische koers varen onder leiding van Nicolae Ceaușescu, die geïnspireerd door de Noord-Koreaanse Kim Il-sung, een totalitaire communistische staat met een repressief regime. Roemenen kwamen massaal in de stad te wonen in grote grijze blokken met flats. In 1989 kwam met de val van de Sovjet-Unie ook aan de dictatuur van Ceaușescu een eind.

Deze dictatuur heeft diepe sporen nagelaten in de Roemeense bevolking en een duidelijke tweedeling tussen de mensen van boven en onder de 40 jaar, oftewel zij die de communistische jaren bewust hebben meegemaakt en zij die alleen vrijheid en opbouw kennen. Dit betekent dat de twintigers en dertigers op zakelijk niveau voor het zeggen hebben in Roemenië, deze groep heeft het juiste opleidingsniveau en de hoge salarissen. Zij kennen de volgende verhalen van de ouderen wel: *"Dat het land toen op slot zat, dat de winkels leeg waren, dat mensen uren in de rij stonden, dat de flats koud waren en er overal verklikkers waren, dat je niets mocht en niets kon"* (Tempelman, 2007). Maar deze heeft doelgroep weinig met die voorgeschiedenis, zij hebben het nu goed en niet de behoefte zich daarover schuldig te voelen jegens de ouderen.

Roemenen staan bekend om gastvrijheid en zeker de jongeren hebben een open houding tegenover buitenlanders. Wanneer je in een van de steden aan een Roemeen de weg vraagt, zal je van een jongere Roemeen waarschijnlijk in een gedetailleerde routebeschrijving in het Engels krijgen. De meeste jongeren wonen in de steden en spreken buitenlandse talen, vooral Engels, Duits en Frans

(Passport tot trade, 2017). Er zijn grote verschillen in normen en omgangsvormen tussen de oudere generatie Roemenen en de jongeren. Zakendoen is gebaseerd op persoonlijke relaties. Het is belangrijk om 'de juiste mensen' te kennen. Een kennismaking via zakenpartners opent deuren. Aan het begin van een vergadering wordt eerst over koetjes en kalfjes gepraat, pas daarna wordt overgegaan tot de kern van de zaak. Tijdens een zakelijke ontmoeting is het belangrijk om je beleefd en beheerst te gedragen, met oog voor etiquette. De gemiddelde Roemeen is trots op zijn land en voelt zich ontzettend verbonden met de cultuur van zijn vaderland.

Het is van belang rekening te houden met, en te werken aan de relatie. Nederlanders zijn direct en to the point, wij zijn gewend te doen waarvoor we gekomen zijn. Maar zoals veel andere culturen zijn ook Roemenen gewend om eerst contact op te bouwen voordat men aan de zakelijke inhoud toekomt. Tijdens een etentje en een wandelingetje in het park wordt relatie en vertrouwen opgebouwd. Er moeten eerst een aantal gezamenlijke ervaringen worden opgedaan, pas daarna komt het zakelijke aspect, pas als men van elkaar weet wat voor vlees men in de kuip heeft. Doe dit goed en de basis ligt voor een vruchtbare en langdurige zakelijke relatie. Ga hieraan voorbij en het zal lastig worden om voet aan de grond te krijgen in Roemenië. Eventuele culturele verschillen kunnen ook als bottlenecks naar voren komen; let dus op de volgende aspecten wanneer zakendoen in Roemenië een serieuze overweging is.

- De Nederlander is meer taakgericht tegenover de meer relatiegerichte Roemeen;
- De Nederlander neemt pragmatisch beslissingen graag in samenspraak waar de Roemeen dit meer vanuit hiërarchie doet.
- De Nederlander maakt graag afspraken die duidelijk zijn en weinig ruimte tot de verbeelding laten waar de Roemeen meer abstract is.
- De Nederlander baseert zijn keuze op het rationele waar de Roemeen meer uitgaat van de subjectieve emotie.

De weg naar succes

De grotere steden in Oost-Europa zijn al langer het doelwit van outsourcing, zo ook in Roemenië. In de 'tweede steden' is hierdoor vaak minder concurrentie. In Roemenië hebben we het dan over Cluj-Napoca, Iasi, Timisoara en Brasov. Combineer dit met de hoogopgeleiden. Een studentenstad als Cluj voorziet in een groeiende stroom van gegradueerde informatici. Een enorme bron van potentiële kennis is hier beschikbaar en dit biedt veel kans op hoge kwaliteit in het recruitmentproces. Om succesvol te worden is goed personeel essentieel. Zorg ervoor dat er weinig verloop is, dit kan door iets boven het gemiddelde te betalen qua salaris.

Stel van tevoren duidelijke doelen voor jezelf, met een goed begrip van wat nodig is om die doelstellingen te bereiken. Door goed voorbereid te zijn, kun je vertrouwen wekken en laten zien dat je weet wat je doet. Neem die doelen mee naar Roemenië want een vliegreis duurt maar 2 uur en 45 minuten en het is maar 1 uur later dan in Nederland. De kosten die eraan vasthangen zijn ook behoorlijk laag en Boekarest staat in een directe verbinding met Schiphol.
Corruptie, of liever gezegd een sterke traditie van 'financiële onderonsjes' is nog steeds aanwezig in Roemenië. Ons advies is om hier flexibel mee om te gaan. Zorg in ieder geval dat u geen wet overtreedt, stem dus goed af met uw jurist als u plannen maakt om naar Roemenië te gaan. Maar, maak wel gebruik van kruiwagens om aan tafel te komen bij de juiste personen. 'Een etentje hier en een flesje daar' is dan heel gebruikelijk. Veel bedrijven hanteren een richtbedrag (meestal rondom de 250 USD) waar bedragen die worden uitgegeven om te werken aan de relatie onder behoren te blijven (Omidyar, 2017). Het is goed om te luisteren naar het eigen 'moreel kompas' in dezen.
Om tot een conclusie te komen: Roemenië is een ideaal land om letterlijk een bedrijf te starten. Offshoring, je bedrijf buiten Nederland vestigen of simpelweg uitbreiden. Dit komt door het jeugdige talent van de Roemenen en de grote hoeveelheid hoogopgeleiden, een pool die elk jaar alleen maar groter wordt. Omdat de kosten een stuk lager zijn en de kwaliteit erg hoog is, is Roemenië een ideale kandidaat om succesvol te gaan off-shoren.

Rusland

Michael Visschers

Rusland is niet langer in de top 10 voor IT-outsourcing te vinden door sterke groei van landen zoals Polen. Waarin Rusland zich onderscheidt ten opzichte van de andere landen, is het zgn. 'complex software development'. Voor de bedrijven die beschikbaar zijn voor outsourcing is er een overkoepelende organisatie RUSSOFT. Rusland is qua oppervlakte het grootste land ter wereld met ruim 17 miljoen km² dat zich uitstrekt over 9 tijdzones, zowel in Azië en Europa, en telt bijna 145 miljoen inwoners waarvan zeventig procent in het Europese deel leeft. Met als grootste stad voor wat betreft outsourcing Moskou, met de daaropvolgende stad St. Petersburg. Ondanks de IT-sector relatief klein is voor Rusland, weet de sector zich te onderscheiden. Zo staat Rusland wereldwijd bekend als de plek voor complex software development. De voormalig president van Intel Europa, Steve Chase zei eens: *"Inside Intel we have an expression: If you have something tough, give it to the Americans. If you have something difficult, give it to the Indians. If you have something impossible, give it to the Russians."*

Cijfers en statistieken

Van de 145 miljoen inwoners in Rusland is slechts 1 miljoen werkzaam in de IT-sector. De IT-sector is vergeleken met de andere sectors maar een kleine sector, en is daarmee relatief niet zo belangrijk als andere sectoren. Vergeleken met China en India heeft Rusland veel minder IT-professionals. Maar de Russische programmeurs zijn gemiddeld beduidend beter opgeleid en getraind. Voor Rusland geldt dan ook, "Quality Over Quantity". Het aandeel van de Russische IT-sector wat betreft outsourcing bedraagt ongeveer $ 800 miljoen op jaarbasis (2014), een klein bedrag in vergelijking met andere grootheden zoals China en India. Dit is deels verklaarbaar door de verschillende bevolkingsgroottes. De Skolkovo School of Management in Moskou meldt de volgende cijfers voor respectievelijk totale IT omzet en het deel daarvan voor IT-outsourcing. Slechts 2% van de Russische IT omzet gaat naar outsourcing terwijl de percentages voor India en China 60% en 10% zijn.

Rusland	India	China
$ 50 miljard	$ 125 miljard	$ 250 miljard
$ 1 miljard	$ 75 miljard	$ 25 miljard

IT-omzet totaal en outsourcing deel (2014), Skolkovo School of Management Moscow

De inkomens voor hoogopgeleide IT'ers zijn nog steeds laag ten opzichte van West-Europa, 50% voor Moskou en St. Petersburg en 25% voor steden daarbuiten. We hebben het dan over bedragen tussen de $ 10.000 en$25.000. De lagere loonkosten zijn voor veel bedrijven een reden om software development en research & development te outsourcen.

Rusland kent diverse belastingen die nog bij de genoemde salarissen opgeteld moeten worden. Voor zakendoen met Rusland wordt aangeraden een internationaal belastingadviseur met ervaring in Rusland in de arm te nemen. De sociale belasting bedraagt 35% maar kan voor IT-outsourcing zoals hier bedoeld 14% zijn (alleen software development). Dan bestaat er een belasting op winst van 20%. Daarnaast bestaat er een Personal Income Tax van 13% die de werknemer moet betalen (het is niet duidelijk of deze al is verrekend in de genoemde jaarsalarissen bij Cijfers & Statistieken). Als laatste bestaat er een BTW-tarief van 18% dat niet betaald hoeft te worden als men alleen software door een Russisch bedrijf laat ontwikkelen. Kortom, reden genoeg om een expert naar te laten kijken.

Om een beeld te geven hoe het salaris verloop eruitziet van een developer uit bijv. de plaats Nizhniy Novgorodcost, is er hieronder een tabel met de loopbaan qua salaris.

Loopbaan Software Developer	Nederland	Rusland
Begin carrière	€ 25.957	€ 4.900
Midden carrière	€ 41.923	€ 9.800
Eind carrière	€ 61.855	€ 13.800

Hoewel de lonen aanzienlijk lager zijn dan in Nederland, is dat niet het enige wat lager is. Ook de prijzen zijn lager in Rusland. Om het contrast weer te geven hebben we Amsterdam vergeleken met Moskou. Zo is de prijs voor de huur in Moskou zo'n 45% minder dan in Moskou. Ook overige prijzen zijn aanzienlijk lager. Zo liggen in Moskou de consumentprijzen (43%), de restaurantprijzen (43%) en de supermarktprijzen (43%) lager dan in Amsterdam.

Culturele omgangsvormen

Rusland behoort wat taal en cultuur betreft tot de Slavische landen. De meeste mensen geven aan dat de taalbarrière het grootste obstakel is. Maar twintig procent van de Russen spreekt Engels, en dat zijn dan voornamelijk de hoogopgeleiden. Literatuur en klassieke muziek hebben een lange geschiedenis in Rusland, en sinds de vorige eeuw heeft ook sport een belangrijke plaats gekregen in het land. Qua godsdienst neemt het orthodox christendom de grootste plaats in. De islam volgt op de tweede plaats. Russen staan bekend om hun gastvrijheid en het onderhouden van familierelaties spelen een grote rol, in het dagelijks leven.

De sociale status en het hanteren van de juiste omgangsvormen is een belangrijk aspect in de cultuur. Zo speelt het gezichtsverlies zoals we het in de Aziatische wereld kennen, ook sterk in Rusland. Russen zijn erg gesteld op specifieke sociale omgangsvormen. Een praktisch voorbeeld hiervan is dat het belangrijk is om als zakenpartners niet alleen interesse te stellen in zaken, maar ook in onderwerpen als familie, sport, geschiedenis en filosofie. Aan deze omgangsvormen wordt de mate van vertrouwen getoetst.

Op de werkvloer beginnen de dagen doorgaans vroeg. Ondanks de stiptheid wat betreft het beginnen in de ochtend, komt deze stiptheid niet terug bij vergaderingen. Zo kunnen de vergaderingen uren te laat beginnen en is het heel normaal als de vergadering uren langer doorgaat dan gepland.

De gezagsverhoudingen op de werkvloer zijn sterk gecentraliseerd en vele malen formeler dan in Nederland. Er is sprake van aanzienlijke bureaucratie hetgeen de efficiëntie kan belemmeren door vertraging qua doorlooptijden. Waarin Rusland zichzelf onderscheidt op de werkvloer ten opzichte van landen als China en India, is dat de cultuur in deze Aziatische landen het moeilijk maakt voor mensen om "tegen de autoriteit in te gaan". Hierdoor nemen ze geen initiatief, waardoor beide partijen uiteindelijk lijden aan een gebrek van competente midden-managers. In Rusland is dit niet van toepassing. Eerlijke communicatie en constructieve pushback zorgt ervoor dat Rusland zich hier onderscheidt.

De politieke spanning in de relatie met het westen in recente jaren kan niet onvermeld blijven. Te denken is aan de terugname van de Krim, de bemoeienissen met Oost-Oekraïne en de vermeende inmenging in de

Amerikaanse verkiezingen. Deze spanning is merkbaar in de cultuur, maar ook in het zakenleven doordat dit onzekerheden met zich meebrengt.

De weg naar succes

Rusland heeft een reputatie voor het oplossen van complexe vraagstukken in software development en research & development die bijna ongeëvenaard is. Het onderwijssysteem in Rusland is erg sterk in fundamentele wetenschappen en wiskunde. Hierdoor zijn de programmeurs in Rusland erg goed opgeleid in het oplossen van problemen en het algoritmisch denken. Russen zijn vriendelijke en gastvrije mensen indien men hun vertrouwen eenmaal gewonnen heeft. Inmiddels is Rusland al lange tijd een van de bestemmingen die is uitgegroeid tot een geloofwaardige locatie voor outsourcing op het gebied van complex software development en complexe technische problemen. Dit heeft Rusland allereerst te danken aan de zeer bekwame talentpool, maar het helpt ook dat het relatief lage arbeidskosten heeft in vergelijking met de VS of West-Europa. Hierdoor is het ook aantrekkelijk voor kleinere bedrijven en startups die op zoek zijn naar waar voor hun geld. Naast erkende excellentie biedt Rusland ook een goede nearshore-locatie voor Europa die kan worden bereikt door directe vluchten vanuit het grootste deel van het continent, met relatief kleine tijdsverschillen in vergelijking met India en China. Om goed te kunnen beginnen is het handig om tijdig te zorgen voor een sponsoruitnodiging en een geldige visa. Daarnaast is het belangrijk om een goed uitgewerkt design en specificaties te hebben. In Rusland ligt de lat hoog en men zal precies willen weten wat men moet gaan maken. Zorg tevens voor goede contacten in Rusland, en neem hier de tijd voor. Het winnen van het vertrouwen van je zakenpartners is iets wat niet onderschat moet worden als men zaken wil gaan doen in Rusland. Heb dan ook veel geduld en forceer niets. Praat niet alleen over zaken maar ook over familie, sport, cultuur en filosofie. Als het vertrouwen eenmaal gewonnen is, kunnen de zaken erg snel gaan. Neem voor een goede voorbereiding eventueel contact op met 'The Business' in Den Haag, zij hebben directe contacten met de software development koepelorganisatie RUSSOFT in Rusland. Ook het verdiepen in de Russische cultuur is aan te raden.

Litouwen

Marcelo Fuentes, Stan Visscher & Stijn Buitenhuis

Wordt er gedacht aan het outsourcen van IT-werkzaamheden dan wordt er waarschijnlijk als eerste gedacht aan landen als India, China, Indonesië en andere lagelonenlanden. Toch is er een aantal zeer goede bestemmingen voor het outsourcen van IT-werkzaamheden in Europa. In dit hoofdstuk bespreken we Litouwen. We duiken in de culturele verschillen, de "do's & don'ts", de kansen en de weg naar succesvol outsourcen. Litouwen is een prachtig land in Noord-Europa en ligt tussen Letland in het noorden, Wit-Rusland in het oosten, Polen en Rusland in het zuiden, en de Oostzee in het westen. Litouwen gebruikt Oost Europese Tijd als nationale tijdzone, wat éé'n uur later is dan de regionale tijdzone van Nederland. Het klimaat in Litouwen is ongeveer gelijk aan dat van Nederland. Litouwen is bekend vanwege zijn vlakke landschap, de vele meren (circa 10.000) en de historische steden met zijn vele kerken en kastelen. In totaal heeft Litouwen 3,5 miljoen inwoners. De hoofdstad van Litouwen is Vilnius, met 529.000 (2014) inwoners. De tweede grootste stad van Litouwen is Kaunas. Zowel in Vilnius als in Kaunas zijn er veel IT-talenten te vinden. Echter Kaunas is minder bekend als stad om IT-werkzaamheden naar te outsourcen. Salarissen in Kaunas zijn substantieel lager dan de salarissen in Vilnius. Kaunas is dus een zeer interessante optie wanneer outsourcing naar Litouwen een serieuze overweging is. Het is ongeveer 2 uur en 15 minuten vliegen naar Litouwen. Een groot voordeel gezien persoonlijk contact een van de sleutels is naar succesvol outsourcen. Een ander voordeel wordt direct behandeld in het volgende sub-hoofdstuk, waarin feiten en cijfers over Litouwen haar economie aan de orde komen.

De cijfers

Een van de redenen waarom Litouwen erg in de smaak valt is haar groeiende talentenpool. Die bestaat uit hoogopgeleide, jonge en gemotiveerde mensen. Elk jaar slagen maar liefst 1300 mensen voor hun IT- opleiding, het totaal sommeerde in 2016 op 31.500 mensen. In 2011 is al gebleken dat zeker 84% van de mensen tussen de 20 en 34 jaar oud goed uit de voeten kan met de Engelse taal. Erg gunstig voor directe communicatie met verschillende medewerkers van de potentiële zakenrelatie. Om die kant op te gaan voor een gesprek klinkt dus niet als een slecht plan. Zeker omdat de prijzen, in de algemene zin van het woord, in Litouwen een stuk lager liggen dan in Nederland. Het prijsverschil met Nederland is gemiddeld -35%. Een aantal voorbeelden zijn: restaurants (50% goedkoper), levensmiddelen (34% goedkoper), geïmporteerd bier in horeca (42% goedkoper), sigaretten (49% goedkoper) en openbaar vervoer (64% goedkoper). Litouwen is dus duidelijk een stuk goedkoper dan Nederland. Over kosten gesproken: mocht dit de voornaamste drijfveer zijn van het outsourcen van diensten en andere componenten van de bedrijfsprocessen dan moet Kaunas (als tweede grootste stad) zeker in overweging genomen worden. De salarissen binnen deze stad zijn een stukje lager, de pool van talenten daarentegen is erg hoog want Kaunas wordt gezien als een universiteitsstad.

De verwachting van het BBP van Litouwen in 2017 is 40 Miljard met een groei van 2,5% ten opzichte van het jaar daarvoor. Vergelijk je dit met een land als bijv. Polen dan is dat 10x lager maar bij een land met 3,5 miljoen inwoners verwacht je ook niet anders. Dit is niet raar wanneer er gekeken wordt naar de onderstaande tabel.

Loopbaan Software Developer	Nederland	Litouwen
Begin carrière	€ 25.957	€ 11.385
Mediaan	€ 41.923	€ 18.797
Eind carrière	€ 61.855	€ 40.936

Na Zweden is Nederland de grootste investeerder in Litouwen met een vermogen van 1,6 miljard Euro. Vele Nederlandse bedrijven hebben de weg naar Litouwen al gevonden. Mochten er verdiensten zijn binnen werkzaamheden uitgevoerd in Litouwen dan moet daar belasting over betaald worden. Inkomstenbelasting heeft 15% als standaardpercentage die de werkgever direct uitbetaalt aan de regering wanneer het salaris uitbetaald wordt. Voor vermogensbelasting en vennootschapsbelasting is het belastingtarief eveneens 15%. Daarnaast is er nog belasting voor energie, water en gas wat een belastingtarief van 9% heeft en een btw-belastingtarief van 21%. Het is dus vergeleken met Nederland qua belasting zeer aantrekkelijk om in Litouwen een vestiging te openen. Het opzetten van een vestiging in Litouwen, is relatief makkelijk en goedkoop. Het registreren van een bedrijf kan in zes dagen geregeld worden. Daarmee staat Litouwen op nummer 20 van meest bedrijfsvriendelijke landen. Ook de grond is er erg goedkoop, vergeleken met London is de grond in Vilnius vier keer goedkoper. Indien er gekozen wordt om een vestiging in Litouwen te openen, dan is het aan te raden om te kiezen voor een zogenoemde 'tweede stad', dat wil zeggen dat het niet de bekendste stad is. Vilnius is de hoofdstad en tevens de bekendste stad voor outsourcing en offshoring. Kaunas is een tweede stad die erg groot is en qua aantal professionals niet ver achter loopt op Vilnius. Qua prijs is er echter wel een groot verschil. De grond in Kaunas aanzienlijk goedkoper, in Vilnius betaal zijn de kosten gemiddeld ca. €15 m2/maand terwijl dat in Kaunas €10 m2/maand bedraagt.

De veelbelovende sectoren van het land zijn de IT- en de Communicatiesector, en dat is te merken. Litouwen doet er alles aan om de technologische infrastructuur zo aantrekkelijk mogelijk te maken voor zijn inwoners en voor ondernemers. Zo investeren zowel de overheid en de publieke sector flink in 4G, publiek Wi-Fi en Glasvezel internet connectiviteit. Het glasvezelnetwerk is zelfs het meest dekkende glasvezelnetwerk in Europa.

Culturele omgangsvormen

Litouwen heeft een interessante historie. Aan het eind van de 14e eeuw was Litouwen zelfs het grootste land in Europa. Rondom diezelfde tijd hebben Litouwen en Polen zich samengevoegd en hebben samen als een duale staat bestaan tot 1795. Na de Eerste Wereldoorlog heeft Litouwen tot 1990 onder het bewind van Rusland gestaan. Het was vervolgens de eerste Baltische staat die zich onafhankelijk kon verklaren van Rusland. Litouwen zag zichzelf in het verleden graag als brug tussen het Oosten (voornamelijk Rusland) en het Westen, waarbij zij de kwaliteiten van deze beide civiele samenlevingen combineren (Housden & Smith, 2011, p. 302). Dit kan vandaag de dag nog teruggezien worden in de cultuur van Litouwen. Een land dat altijd sterk afhankelijk is geweest van Rusland (gas/olie) en toch een brug geslagen heeft naar het Westen. Litouwers zijn net als de Russen erg trots en houden dan ook niet van kritiek op het land of op de gebruiken. Persoonlijke geschillen worden vaak niet uitgesproken, wat duidt op een cultuur die men in Rusland ook kent.
Wil je indruk maken in Litouwen dan praat je over basketbal, de tweede religie in het land. Lees je goed in, want Litouwers zijn over het algemeen goed ingelicht als het gaat om basketbal. De Litouwers zijn bekend met dezelfde social media die we in Nederland ook kennen. Facebook, YouTube en LinkedIn zijn veelgebruikte netwerken. De politieke situatie in Litouwen is erg stabiel, en volgens vele Nederlandse ondernemers een ontzettend fijn politiek klimaat om zaken te doen.

Een groot aantal deskundige professionals kiest ervoor om Litouwen te verlaten en een baan te zoeken in het buitenland. Dit is een grote bottleneck geworden voor de groei van Litouwen. Om dit op te vangen heeft de overheid van Litouwen ervoor gekozen om per 2016 de IT-studies met een toename van 50% te subsidiëren waardoor de aantallen van grote organisaties zoals Google, Nasdaq, HP, IBM en Uber al vestigingen hebben geopend in Litouwen. Hierdoor is het voor de kleinere organisaties soms makkelijker om een professional naar Nederland te halen.

De weg naar succes

Outsourcen van IT-werkzaamheden naar Litouwen klinkt als een goede optie. Maar hoe wordt een outsourcingavontuur naar Litouwen nou een echt succes? Na ons onderzoek is gebleken dat de eerste stap het maken van duurzame contacten is. Wat aan te raden is, is contact op te nemen met de Nederlandse Ambassade in Litouwen. Daar kunnen makkelijk contacten gelegd worden met Nederlandse bedrijven die de stap al hebben gemaakt. Het is verstandig om de ervaringen, do's and don'ts van bedrijven die zich al gevestigd hebben mee te nemen in de stap voor het outsourcen naar Litouwen. Niet alleen duurzame contacten leiden tot een succes, er zijn meerdere wegen te bewandelen. Zo zijn talloze websites te vinden die de stap naar het outsourcen van werkzaamheden naar Litouwen makkelijker kunnen maken. Via deze websites kunnen geïnteresseerden gelinkt worden aan buitenlandse bedrijven die al in Litouwen zitten. Investlithuania is het officiële agentschap voor buitenlandse investeerders en Business Development in Litouwen, uiteraard direct verbonden aan de overheid. Zo is gebleken dat een bezoek aan Vilnius en Kaunas een echte must is. Zoals eerder beschreven, Kaunas nog echt een verborgen parel op het gebied van outsourcen. 53% van de inwoners van Kaunas zijn hbo opgeleid en de laatste jaren is er een sterke focus naar het opzetten en ondersteunen van Europese ICT-start ups. Sterker nog, het aantal start ups op het gebied van ICT in Nederland is op dit moment even groot als het aantal start ups in de stad Kaunas (Jolijn Mes, Verhuis je IT-bedrijf naar Litouwen). Gaat het om Litouwen in zijn geheel, volgens het World Bank Doing Business Report 2016 dan staat het land op nummer 1 als het gaat om het starten van een onderneming in de EU. De enorme horde aan hoogopgeleide Litouwers hecht grote waarde aan hun cultuur en haar omgangsvormen. Het is van groot belang dat er duidelijk gemaakt wordt dat zij zaken gaan doen met Nederlanders. Nederlanders hebben een goed aanzien in Vilnius en Kaunas gezien het feit dat er in deze steden enorme investeringen gedaan worden door Nederlandse bedrijven. We hebben dus een uitstekende reputatie opgebouwd. Los van de reputatie en daar punten mee scoren is er toch nog wel een aantal zaken waar rekening mee gehouden moet worden. Met name de hiërarchische keten, die Nederlanders beschouwen als normaal, wordt zeer respectvol mee omgegaan. Outsourcen naar Litouwen is echt een aanrader wat ons betreft. Vergeleken met de Europese landen als Polen, Roemenië en bijv. Bulgarije is Litouwen over het algemeen nog steeds een erg goedkoop land. Het belastingklimaat is gunstig en het beschikbare personeel is hoogopgeleid. Iets wat natuurlijk een van de grootste bottlenecks in Nederland is, is het aanbod van personeel voor bedrijven in de IT- sector. In Litouwen komen er per jaar ongeveer 1500 hoogopgeleide medewerkers bij en dat zien wij als een buitenkans voor bedrijven die kwaliteit zoeken in een betaalbaar jasje. Een paar voorbeelden van grote bedrijven die de weg naar Litouwen al gevonden hebben zijn: Google, Nasdaq, Barclays, Western Union, DanskeBank en Swedbank.

Estland

Stijn Buitenhuis, Stan Visscher & Marcelo Fuentes

Als de vraag gesteld zou worden welk land de bijnaam heeft 'het kleine Silicon Valley van Europa', dan zal Estland waarschijnlijk niet als eerste naar boven komen. Toch is het Estland dat deze bijnaam heeft. Het land van oorsprong van de ontwikkelaars die VoIP populair maakten (Skype), is voorloper op het gebied van het toepassen van moderne IT-oplossingen. Naast het implementeren van de elektronische overheidsdiensten herbergt Estland het cyberveiligheids-centrum van de NAVO en het IT-bureau van de Europese Unie.
Estland, officieel Republiek Estland, behoort tot een van de Baltische staten die gelegen zijn in Noordoost-Europa. Daarnaast is het de meest noordelijke van de drie Baltische staten. De hoofdstad is Tallinn met ongeveer 412.000 inwoners, dit maakt de stad veruit de grootste en dicht bevolktste stad van Estland. In Estland worden verschillende talen gesproken waaronder Estisch (meest gesproken), Engels, Russisch en Fins. Om te gaan outsourcen in Estland kan er voor Nederlanders redelijk goed fysiek/persoonlijk contact gelegd, het is namelijk maar twee en een halfuur vliegen, het is daarbij slechts één uur later dan in Nederland. Estland herbergt 3700 IT-bedrijven en de IT-sector is verantwoord-elijk voor ruim 7% van het GDP. Hiermee is de IT-sector een zeer belangrijke sector voor het land. En naar verwachting zal dit alleen maar meer gaan groeien doordat bedrijven de potentie van het land in gaan zien.

De cijfers

Met 27.970 professionals in de IT-sector, heeft Estland verrassend meer professionals werkzaam dan het nabijgelegen Litouwen. Echter dit is een kwestie van tijd voordat Litouwen hier verandering in aanbrengt en de koppositie overneemt. De kosten van levensonderhoud zijn in Estland aanzienlijk goedkoper dan in Nederland met een prijsverschil van -30,35%. Enkele voorbeelden van opvallende prijsverschillen zijn: huur (129,06% goedkoper), levensmiddelen (50,16% goedkoper) en restaurants (43,58% goedkoper).

De (netto) salarissen zijn in Estland beduidend lager dan in Nederland (Zie tabel). Deze cijfers zijn echter na aftrek van de belastingen. Zo betaalt de werknemer 20,08% belasting (20% personenbelasting en 0,8% werkeloosheidsbelasting) en de werkgever 34,6% belasting (33% sociale belasting en 1,6% werkeloosheidsbelasting). De totale belasting die wordt afgedragen bedraagt 55,4%.

Loopbaan Software Developer	Nederland	Estland
Begin carrière	€ 25.957	€ 12.000
Midden carrière	€ 41.923	€ 24.000
Eind carrière	€ 61.855	€ 30.000

Culturele omgangsvormen

Het opvallende van Estland is dat van de gehele bevolking (1.257.921) maar 65,3% van oorsprong uit Estland komt. Ruim 28% komt van oorsprong uit Rusland. De cultuur binnen Estland heeft een drastische verandering meegemaakt sinds de onafhankelijkheid in de jaren 90. De meeste inwoners waren vastberaden om de westerse culturen en ideeën te omarmen. Het vrije denken, ontwikkelen en ondernemerschap was een werkelijke openbaring. De businesscultuur wordt nu immens beïnvloed door de Scandinavische staten, zo zien Estlanders zichzelf ook liever niet als onderdeel van de Baltische staten. Zij willen liever als Scandinaviërs gezien worden.

De bevolking van Estland heeft een ander belangrijk aspect binnen hun cultuur, E-Estonia. Deze vooruitstrevende digitale samenleving en haar regering is verder dan welk ander land dan ook. Tegenwoordig hebben Estlanders de mogelijkheid om 600 verschillende "e-services", die door hun overheid beschikbaar zijn gesteld, te gebruiken. Enkele baanbrekende voorbeelden zijn: het digitaal tekenen van contracten, het gebruik van de ID-kaart als ov-chipkaart, online stemmen (veilig), recepten van de dokter digitaal krijgen, een volledige digitale studentenomgeving en het online aanmaken van een bedrijf binnen 18 minuten." De veelbelovende technologische mogelijkheden worden zichtbaar in studiekeuze van de jeugd. Veel studenten studeren af in informatica of computerwetenschappen, deze competenties kunnen in combinatie met de entrepreneuriale lusten leiden tot mooie bedrijven.

Een vraag die voor ons van belang is, is hoe er gezorgd kan worden voor een goede basis om zaken te doen met deze bedrijven. Hoe moeten de Esten benaderd worden zonder hen af te schrikken of te beledigen? Daarvoor is wat achtergrondinformatie nodig; de mensen uit Estland staan bekend om hun stille en afwezig overkomen. Naarmate de relatie sterker wordt zullen ze steeds meer 'loskomen'. Het is ook gebruikelijk om niet te veel aandacht op te eisen. Daar waar Nederlanders een zeer luide en uitgesproken mening hebben, zijn Esten meer afwachtend. Zij kunnen een uitgesproken houding zelfs als ongemakkelijk ervaren en dit kan mogelijk leiden tot een slechte uitkomst van een zakenrelatie. Het is verstandig om ingetogen en rustig te werk te gaan, zeker in het begin van de relatie.

Voordat er beslissingen worden genomen op zakelijk gebied zullen er meerdere meetings plaatsvinden. Het is gebruikelijk dat er meerdere meetings aan beslissingen voorafgaan. Dit heeft mede te maken met de hiërarchische cultuur die heerst in Estland. Het is gebruikelijk dat er eerst senior collega's geraadpleegd worden alvorens er een besluit wordt genomen. Tijdens deze meetings zijn de Esten erg formeel, maar buiten deze meetings heerst er een informele sfeer en komt de gastvrijheid van de Esten naar boven. Tevens is er sprake van een hoog percentage werkzame vrouwen in de bedrijfscultuur die gelijk zijn aan de man.

De weg naar succes

Estland is aantrekkelijk voor startups qua het outsourcen van de software-ontwikkeling. De prijzen zijn lager dan in Nederland en de kwaliteit is uitstekend. Wat betreft de cultuur en de communicatie lijkt het erg veel op die van Nederland, waardoor op afstand aansturen goed te doen is. Ook de tijdzone is erg gunstig ten opzichte van Nederland. Al deze factoren bij elkaar zorgen ervoor dat het op afstand goed is aan te sturen. Hierdoor is het niet noodzakelijk om een vestiging te openen en iemand op de werkvloer te hebben. Indien na verloop van tijd de startup groeit en er voldoende interesse is, kan het mogelijk een vestiging openen in Estland of een ander land. Het is verstandig om goed van start te gaan. Elkaar fysiek ontmoeten is aan te raden, er is op deze manier ruimte om elkaar beter te leren kennen en om te kijken of het werkverband past. De ambities kunnen duidelijker overgebracht worden en er is daarnaast meer ruimte om afspraken te maken. Transparantie speelt hierin zeker een rol. Als de achter-liggende gedachte van het outsourcen naar Estland is dat dit een tijdelijke samenwerking is, maak dit dan ook duidelijk. Afhankelijk van de situatie kan er optioneel ook nog gekozen worden om een bepaalde beloning te binden aan het behalen van het doel van de tijdelijke samenwerking. Zo kan er bijvoorbeeld een bonus verbonden worden aan het moment dat de, door de significante groei en ontwikkeling, doelstelling is bereikt. Dit zorgt voor motivatie voor het behalen van de doelstelling en een prettige beëindiging van de samenwerking.

Verder zijn de ontwikkelaars die beschikbaar zijn voor ontwikkeling van software voor een opdrachtgever op afstand, vaak ingesteld op deze werkrelatie. Het is daarom verstandig om afstand te doen van het veel voorkomende samenwerkingsverband bij outsourcing namelijk, het leveren van een gedetailleerde opdracht waarbij alleen het daadwerkelijke ontwikkelen nog plaats moet vinden. De mindset en werkhouding van de Esten is Westers, in tegenstelling tot vele andere populaire landen voor outsourcing. Met deze reden heeft het de voorkeur om de werkrelatie meer te richten op een samenwerking in plaats van alleen een uitvoering. Doordat het cultuurverschil tussen Nederland en Estalnd maar gering is, zitten beide partijen vaak op dezelfde golflengte als het om gedachten, invulling en verwachtingen gaat. Dit zorgt ervoor dat het uitstekend geschikt is voor een 'teambenadering' in plaats van een hiërarchie. Door de ontwikkelaars mee te laten denken, is ernaast dat situaties voorzien en voorkomen kunnen worden, ruimte voor optimalisatie en kwaliteitsverbetering.

Een mooi voorbeeld wat betreft het outsourcen naar Estland is Skype. Skype is in 2003 door twee entrepreneurs bedacht. De ontwikkeling van Skype is in de beginfase echter volledig gedaan door een drietal ontwikkelaars in Estland. De strategie die Skype hanteerde was het outsourcen van de ontwikkeling in de beginperiode, totdat de groei in zo'n mate toenam dat er toegewijde ontwikkelaars aangenomen konden worden. Dit zorgde voor een laag kostenplaatje (niet alleen door de lonen, maar ook door goedkope huisvesting) in de beginfase waardoor Skype explosief kon groeien. Het budget kon hierdoor elders besteed worden. Inmiddels is Skype uitgegroeid tot een grote organisatie met eigen ontwikkelaars en is het hoofdkantoor gevestigd in Luxemburg.
En met dit succesverhaal uit Estland sluiten we deze bundel over outsourcen af.

China

Robin Schoegje

De Volksrepubliek China is een geweldig groot land in Azië met maar liefst 1,379 miljard (2016) inwoners. Het land is enorm snel gegroeid van derdewereldland naar economische grootmacht en volgens vele economische onderzoekers heeft het de potentie om economisch gezien het grootste land van de wereld te worden. Vanwege de lagere lonen in het land is China een erg interessant land als men denkt aan het outsourcen van IT. Er zijn echter nogal wat factoren waar rekening mee gehouden dient te worden om het outsourcen van IT tot een succes te maken. In dit hoofdstuk geven we de lezer inzicht in de voordelen, de valkuilen, de huidige stand van zaken in het land en enorm belangrijk; de culturele verschillen.

China kent de nodige officiële talen. De grootste taal die in China gesproken wordt is Mandarijn, maar net als elders in de landen van de wereld zijn er ook veel andere talen en dialecten die er gesproken worden. Rondom Hongkong wordt bijvoorbeeld voornamelijk Kantonees gesproken. Andere belangrijke talen in China zijn onder andere: Wu, Ke, Min, Yue, Xiang, Gan. Dit geeft al aan hoe uitgestrekt het land is en hoeveel mensen er wonen. China heeft ook een groot cultureel erfgoed, zo zijn er veel religies die worden beleden zoals bijvoorbeeld het Taoïsme, Confucianisme, Boeddhisme, maar ook de voorouderverering.

Outsourcen van IT

Na de dood van Mao Zedong in 1976, is China in essentie, altijd een communistisch land gebleven, dat niettemin geleidelijk aan verandert in een vrijer land, zowel in politiek als in economisch opzicht. Zo zijn er in China Speciale Economische Zones (SEZ), dat zijn plaatsen, waar de regering buitenlandse handel en onbeperkte buitenlandse investeringen toe staat, volgens het vrijemarktprincipe (kapitalisme) en met verlaagde belastingen. In 1979 werden SEZ in de vier steden: Xiamen, Shenzhen, Zhuhai en Shantou toegestaan. Deze zones hadden kort daarna al te maken met een enorme bevolkingsgroei. Door

dat succes, kregen meerdere provincies, en grotere hoofdsteden soortgelijke economische vrijheden. (Bron: Special Economic zone - SEZ, 2018). Vanaf het moment dat China in 2001 toetrad tot de Wereldhandelsorganisatie (WTO, World Trade Organization), zijn de investeringen door buitenlandse bedrijven in China enorm toegenomen. De Chinese regering heeft naast de SEZ's ook enkele belangrijke software-ontwikkelingsparken gebouwd om de groei van de software-industrie te stimuleren. Voorbeelden van zulke softwareparken zijn te vinden in de steden Shanghai, Beijing, Shenzhen, en Dalian.   Middels een voorkeursbehandeling en ondersteuning vanuit de Chinese regering wisten softwarebedrijven niet alleen snel te groeien, maar werd ook efficiënte communicatie en samenwerking binnen China gestimuleerd
(基于_钻石模型_的中国离岸软件外包产业竞争力研究_梅万祺).
Binnen de IT-sector wordt er vooral op het gebied van software-ontwikkeling en het beheer van IT-infrastructuur uitbesteed. Voorbeelden hiervan zijn beheer van hardware, servers, datacenters, back-up- en disaster recovery of netwerkbeheer. Met name uitbesteding van software steekt met kop en schouders boven de andere uitbestedingen uit
(基于_钻石模型_的中国离岸软件外包产业竞争力研究_梅万祺). De gemiddelde arbeidskosten zijn omgerekend €4.05 ($4.80) per uur, al zijn er behoorlijk wat verschillen per regio, want het is een land met enorm veel inwoners (een vijfde van de wereldbevolking is Chinees), waarvan officieel maar 3.9% mensen werkeloos is. (Bron: Country Data China november 2017). In de volgende paragrafen wordt dieper ingegaan op relevante cijfers, cultuuraspecten en succesfactoren van het outsourcen in China.

Cijfers & Statistieken

China staat bekend om zijn lage lonen. Het is een van de landen die de outsourcingrevolutie begon door de productie voor veel westerse bedrijven naar China te halen. Na het outsourcen van de productie naar China, volgde veel bedrijven ook met het verhuizen van de diensten naar China. Met 1,4 miljard inwoners en de export als inkomstenbron nummer één, verwacht je van China dan ook op IT-gebied een groot aantal professionals. Echter bedraagt het aantal ontwikkelaars in China 'slechts' 1,9 miljoen professionals, wat in verhouding met andere landen een bijzonder laag percentage is van de totale bevolking.

Het mag dan een klein percentage zijn, bieden bijna tweemiljoen ontwikkelaars natuurlijk vele mogelijkheden. Hierdoor is het land een populaire bestemming voor het outsourcen van IT. De outsourcing vanuit Nederland zorgt voor een werkgelegenheid van 12,3 miljard uur in het buitenland, waarvan 1,25 miljard uur wordt uitgevoerd in China. Dit is bijna drieënhalf maal zoveel werk als dat Nederlandse bedrijven zelf voor andere landen verwerken (CBS, 2017).

Het aantal uren dat Nederland aan werk creëert in China is even veel als het aantal uren werk dat gecreëerd wordt door Nederland in de resterende landen van Azië, de Europese landen die niet tot de EU behoren, Pacific en Afrika bij elkaar opgeteld. In de onderstaande tabel wordt de trend van de Chinese goederen- en dienstenhandel als volumemutatie in procenten t.o.v. voorgaande jaren bekeken. Een positief getal laat een toename zien terwijl een negatief getal een afname van deze diensten weergeeft.

Jaar	Outsourcing	Insourcing
2014	6.8	9.3
2015	-2	3.9
2016	0.9	5.4
2017	2.3	2.2
2018	2.4	3.0

Bron: Handels- en investeringscijfers China-Nederland

De outsourcing naar China had in 2015 een flinke dip doordat de Chinese Yuan (RMB) in relatie tot de EUR in waarde steeg. Dit kwam grotendeels doordat de Europese Centrale Bank (ECB) in begin 2015 startte met het opkopen van staatsobligaties om de economie te stimuleren en de inflatie aan te jagen. Hierdoor gingen de arbeidskosten voor de EU-landen omhoog wat het outsourcen naar China een stuk minder aantrekkelijk maakte.

Behalve de consistente groei van de outsourcing naar China, is ook het aantal professionals dat jaarlijks afstudeert gedurende de afgelopen 18 jaar consistent gegroeid. Het aantal hoger opgeleiden is in de jaren 2000 tot 2018 met acht procent toegenomen. Momenteel hebben 12,5% van de 1.413.000.000 inwoners (afgerond) een hogere opleiding afgerond. Omgerekend zijn dat 176.625.000 inwoners, en dit aantal groeit consistent.

Door de stijging in educatie en vaardigheden in China is er ook een stijgende trend te zien in de goederen- en dienstenhandel. Voor de komende jaren verwacht het Focus Economics (2017) en OECD (2016) een stijging van zowel de Chinese uitvoer als de invoer van goederen en diensten.

Categorie	2000	2018
% van bevolking 15+ met basisopleiding	29,8	17,4
% van bevolking 15+ met middelbare opleiding	56,7	65,8
% van bevolking 15+ met hogere opleiding	4,5	12,5

Tabel: Economies and Consumers Annual Data 2018

In de navolgende tabel zijn de gemiddelde salarissen van een software-developer in zowel Nederland als in China weergegeven;

Loopbaan Software Developer	Nederland	China
Junior software developer	€ 25.957	€ 8.921
Medior software developer	€ 41.923	€ 15.122
Senior software developer	€ 61.855	€ 15.674

Bron: Salary Data & Career Research Center, 2018

Culturele omgangsvormen

Het is bijzonder dat de huidige taal al vijfduizend jaar hetzelfde alfabet hanteert. Geschreven taal werd eerst op houtenplanken geschreven, vervolgens op zijde en uiteindelijk is men overgestapt op papier. Hedendaags China kent het Standaardmandarijn als officiële taal, ondanks het feit dat er honderden verschillende talen gesproken worden. Chinezen waarderen het erg wanneer een buitenlandse (potentiële) zakenpartner een paar woorden Mandarijn gebruikt. Dit ziet men als een teken van respect. Datzelfde geldt eigenlijk voor het zgn. smalltalk, iets waar westerlingen niet erg bekend mee zijn. In een relatiecultuur als de Chinese hecht men er echter veel waarde aan. Datzelfde geldt zakelijke uitjes naar bijv. een luxerestaurant of karaokebar.

De indirectheid van communicatie-uitingen in China kan voor westerlingen soms lastig zijn. Voor wie niet gewend is tussen de regels door te lezen, zal veel informatie onbekend blijven. Een melding als: "dat probleem duurt niet lang meer" kan in veel gevallen betekenen dat het een probleem betreft dat wél langer kan duren. Hier kunnen botsingen ontstaan, het is dus niet verkeerd om in sommige gevallen indirect door te vragen om daadwerkelijk helder te krijgen, wat er bedoeld wordt.

De weg naar succes

Een kernbegrip om rekening mee te houden als men naar China wil outsourcen, is het zogenaamde "Guanxi" (关系). Guanxi kan men het best vertalen als een netwerk van een of meerdere contacten. Het is zeer aan te raden, voordat men langs gaat bij een groot bedrijf, om aangekondigd te worden door een contactpersoon. Als men geen contactpersoon in China heeft, dan kan men de Chinese ambassade verzoeken of die kan helpen om een goede indruk te maken bij de outsource partij.

Het is ook van belang om rekening te houden met het feit dat er in China veel verloop is op een werkplek, mensen komen en gaan vrijwel maandelijks. Dit houdt in dat kennis goed moet worden gedocumenteerd en makkelijk te begrijpen moet zijn voor nieuw personeel, anders kunnen er snel fouten ontstaan waardoor de kwaliteit van de uitbesteding naar beneden gaat.

Een Nederlander moet niet verbaasd zijn over het dragen van bedrijfsuniformen, periodieke exercities in het bedrijf of als Chinese werknemers een middagslaapje op hun werkplek maken. Het is vrij gewoon dat een bedrijf voor zijn werknemers een kamer ter beschikking stelt, vaak inpandig of vlakbij (Loders Croklaan, 2017). Voor een Nederlandse zakenman/-vrouw is het ook belangrijk om te begrijpen dat binnen China een duidelijke top-down hiërarchie bestaat. Dit ziet men ook terug in de tafelschikking in een restaurant, of hoe men met elkaar omgaat.

Conclusie

China is een groot land met veel outsourcemogelijkheden, het opleidingsniveau stijgt en daarmee veelal ook de arbeidskosten. Veel Nederlandse bedrijven sturen hun IT-uitbesteding naar China, maar vergeten vaak de extra kosten die kunnen opspelen door communicatieve fouten, reiskosten et cetera.

Naast extra kosten is het ook van belang dat men de cultuur eerst snapt en dat men weet, wat te verwachten is. Als een klein bedrijf is het verstandig om 'Guanxi' (关系) te kennen. Veel bedrijven werken met netwerken, dat is van groot belang in China. Zodra er besloten is om samen te gaan werken met een Chinees bedrijf dient men er goed op te letten om het desbetreffende contract zo gedetailleerd mogelijk op te stellen. Laatstelijk moet men rekening houden met de culturele verschillen zoals dat de Nederlander erg expliciet is en de Chinees juist impliciet, wat samen met de taalbarrière veel verwarring of irritaties kan doen ontstaan. De invloed van 's werelds grootste economie zal de komende decennia alleen maar toenemen, wat het belang van een gedegen voorbereiding voor het outsourcen van IT naar de Volksrepubliek China alleen maar onderstreept.

India

Nurley Purperhart, Pim Loor & Rick Lagerwij

India kent een ruime geschiedenis op gebied van outsourcing van ICT-diensten. Het land is al 30 jaar actief met het exporteren van ICT-diensten naar het Westen. De dienstverlening is geheel opgezet door private commerciële sector. Bedrijven als KLM, ABN-AMRO, Shell, Phillips en Getronics hebben softwareprojecten uitbesteed aan softwarehuizen in India. Het is voor de Westerse wereld aantrekkelijk en interessant om software-ontwikkelingsklussen uit te besteden naar India. Er wordt vooral aangenomen dat de kosten minder zullen zijn door die in lageloonlanden te beleggen. Door dit hoofdstuk zal het duidelijk worden of dit daadwerkelijk het geval is. Dit is niet alleen de voornaamste reden. Indiërs zijn harde werkers, ze beheersen de Engelse taal en hebben zowel culturele als zakelijke affiniteit met westerse klanten. Toch is het kostenaspect niet het enige dat de drijfveer is geweest voor bedrijven om te gaan uitbesteden naar India. Het land heeft honderden universiteiten in de ICT-branche. Er zijn daardoor veel hoogopgeleiden en gekwalificeerde werknemers op de markt. Veel Indiërs zijn werkzaam in softwareparken, trainingscentrums of worden gedetacheerd naar Westerse bedrijven. De twee belangrijkste universiteiten zijn gevestigd in New Delhi: Jawaharlal Nehru University en Delhi University.

India telt bijna 1.3 miljard inwoners met een oppervlakte van 3.2 miljoen km2. In 2017 is de economische groei in India alleen maar toegenomen. Verwacht wordt, dat India mogelijk de derde grootste economie ter wereld zal worden en daarmee Japan zal inhalen. De officiële valuta van India is de Indiase Roepie en de hoofdstad is New Delhi. Dit is de voornaamste stad om zaken te doen en een vliegreis duurt een kleine 8 uur vanaf Schiphol. Houd rekening met een kleine jetlag, het is daar namelijk 4 uur en 30 minuten later dan in Nederland.

Voor dit hoofdstuk hebben wij contact gehad met twee Indiërs die werkzaam zijn in Nederland. Karthik is werkzaam bij luchtvaartmaatschappij KLM als Developer vanuit het bedrijf Tata Consultancy Services TCS. Daarnaast is er ook een interview afgenomen met Dattaraj, een Senior Software Developer bij Mediabedrijf NEP Media Solutions. Voor dit artikel zijn er naast de ervaringen en aanbevelingen van Karthik en Dattaraj ook andere bronnen gebruikt.

Met dit stuk willen wij vooral laten zien op welke culturele vlakken Indiërs en Nederlanders verschillen, waarbij het doel is als Nederlander succesvol te kunnen outsourcen in India. Dat begint in het volgende hoofdstuk waarbij kort de cijfers en statistieken worden doorgenomen.

Cijfers & Statistieken

Een van de interessantste aspecten van cijfers ligt toch echt bij de hoeveelheid hoofopgeleiden dit land heeft. Alleen al het gegeven van de hoeveelheid scholen die erbij zijn gekomen baart opzien: afgerond 1500 in 2006-07 tot wel afgerond 3300 in 2014-15! Dat is een ongelofelijke groei, die er ook voor heeft gezorgd dat er tot wel 1,5 miljoen studenten binnen de technische sector afstuderen. Elk jaar weer en dat heeft geresulteerd in een heel groot aanbod van goede werknemers.

India heet officieel de Republiek India. De hoofdstad van India is New Delhi, echter Mumbai (Bombay) is de grootste stad van India. Volgens de volksstelling is dat in 2017: 23.600.000 inwoners. Met 1.324 miljard inwoners en een oppervlakte van 3.287.000 km², zijn er dan ook vele verschillen in het binnenland. De officiële talen zijn Hindi en Engels, maar taal is echter wel variërend per deelstaat. Zo heeft de deelstaat Assam met bijna 27 miljoen inwoners, Bodo als officiële taal. Van alle inwoners is 80% Hindoeïstisch, 13% Moslim en 2% Christen.

Bij het Hindoeïsme heerst er een vorm van sociale hiërarchie die gebaseerd is op afkomst en beroep, genaamd het kastenstelsel. Officieel is het al vanaf 1931 afgeschaft, maar is het nog steeds in de praktijk van alledag ruimschoots aanwezig. Er is een groot verschil in tussen stad en platteland. Het kastenstelsel is in de steden meer teruggedrongen dan op het platteland. Dit komt mede doordat steden minder de drang hebben om oude tradities te eren. Toch is het kastenstelsel hedendaags nog niet helemaal uit het straatbeeld verdwenen. Op werkgebied in de grote steden zegt Dattaraj er echter weinig meer van te zien. "Ondanks vele religieuze botsingen in het verleden, gaan vandaag de dag alle verschillende geloven gewoon naar dezelfde school en werken ze samen". Het bekendste voorbeeld van een hindoe, geboren in de laagste klasse van het kastenstelsel, is de huidige president Ram Nath Kovind. Kovind is hindoeïstisch en geboren in de laagste klasse: "Dalit". Volgens velen is het bijzonder dat Kovind het tot de hoogste zetel heeft weten te brengen.

Er is feitelijk steeds meer mogelijk in India en over de jaren heen gaat het steeds beter. Dit valt ook te zien aan het Bruto Nationaal Inkomen per hoofd van de bevolking. Dit ligt in India namelijk op € 5.288. In vergelijking met Nederland (€ 40.934) is dat ongeveer 8 keer minder. In Nederland is er echter de afgelopen jaren weinig percentuele groei te constateren. In India groeit het de laatste jaren tussen de 6 en 8 procent per jaar. Dat maakt vooralsnog niet uit voor Nederlandse bedrijven die outsourcen naar India. Het verschil is namelijk nog aanzienlijk.

Voor een startende software developer in India, kan uit onderstaande tabel geconcludeerd worden, dat deze net onder het BNI per hoofd van de bevolking zit. Naarmate de developer meer ervaringen krijgt, groeit het inkomen maximaal tot meer dan het dubbele van het BNI. Dezelfde groei valt ook in Nederland te zien. Echter is er nog wel een groot verschil tussen India en Nederland. Kosten kunnen hier dus aanzienlijk op bespaard worden.

Loopbaan Software Developer	Nederland	India
Begin carrière	€ 25.957	€ 2.310
Mediaan	€ 41.923	€ 4.943
Eind carrière	€ 61.855	€ 11.097

Naast kostenbesparing op salaris moet er ook gekeken worden naar uitgave voor transfer en verblijf. Als er een langere periode samengewerkt gaat worden, is het goed mogelijk om ook in India op bezoek te gaan. Een directe vlucht van Amsterdam naar New Delhi bedraagt ongeveer 8 uur reistijd. Een retourticket bij de KLM kost ongeveer € 850 euro. Eenmaal in India aangekomen zijn de prijzen vele malen lager. De prijzen voor een hotel in steden zijn: 5 sterrenhotel vanaf € 130 per nacht; 4 sterrenhotel vanaf € 60 per nacht en 3 sterrenhotel vanaf € 30 per nacht. Buiten de steden liggen de tarieven lager. Binnen de steden is het openbaar vervoer of taxi de beste manier van reizen. Een taxi kost 15 INR per kilometer, wat neerkomt op 20

eurocent per kilometer. Het betalen voor hotels en taxi's is daarnaast een van de twee vormen van belasting betalen, direct en indirect, deze voorbeelden vallen onder indirect. Directe belasting wordt direct betaald uit het inkomen. Er zijn aardig veel verschillen en heel gedetailleerd zal hier nu niet op ingegaan worden maar over het algemeen is het als volgt:
Tot 250.000,- Rs. (Roepies) betaalt een Indiër geen belasting. Vanaf 2,5 lakh (1 lakh is 100.000 Rs.) tot 5 lakh is het 5% van het salaris. Vervolgens betaalt de bevolking die tussen 5 lakhs en 10 lakhs zitten al 20% en alles boven de 10 lakhs 30%.

Cultuur

Over het algemeen kan er gesteld worden dat Indiërs zeer ondernemend zijn. Ze zijn gemakkelijk in de omgang en hebben een hoge nationaal trots. Wat veelal opvalt, is dat Indiërs vaak actief zijn in meerdere branches.
Indiase werknemers staan bekend om hun loyaliteit. Ze besteden veel tijd en aandacht om hun zakenpartner te leren kennen, daardoor kunnen ze vragen stellen die door Nederlanders minders snel gesteld worden. Hierbij gaat het over familie of privézaken, wat voortkomt uit oprechte interesse en nieuwgierigheid. Voor Indiërs is het belangrijk de persoonlijke band te versterken. Voor Nederlanders is het zaak hierop in te spelen en de tijd ervoor te nemen. Ook privacy normen worden door Indiërs anders ervaren dan door Nederlanders. Indiërs zullen sneller fysiek aanraken. Het kan zijn dat zij kleding aanraken, om de kwaliteit van de stof vast te stellen. Dit is voor hen een manier om interesse te tonen. Het begroeten van Indiërs gaat met het schudden van de hand. Als je het echt op de Indiase manier wil doen, doe je de "Namaste". Je strekt hierbij je handen tegen elkaar en houdt ze voor het voorhoofd. Complimenten zijn heel erg welkom.

Het merendeel van de bevolking van India schaart zich onder het hindoeïsme. Deze religie kent het kastenstelsel. Het kastenstelsel vormt een verdeling en hiërarchische codificatie aan de maatschappij. De mensen worden daarin onderverdeeld in vijf groepen op basis van afkomst en beroep. Dit zorgt ervoor dat er veel hiërarchie binnen de Indiase samenleving heerst. In Nederland heeft iedereen gelijke kansen. Machtsverhoudingen zijn er wel, maar je blijft de macht hebben over jezelf. Ieder persoon is niet ondergeschikt aan een ander. De Nederlandse directheid die daaruit voortkomt, wordt daardoor niet goed ontvangen door Indiërs. Hier dient ook rekening mee gehouden te worden, wanneer er bijvoorbeeld onderhandeld wordt.

the woble

Het wiebelen met het hoofd door Indiërs wordt vaak geïnterpreteerd als nee. Het is alleen een teken dat begrepen wordt wat er gezegd wordt. Wat vaak verwarrend is, is dat ja soms nee betekent en andersom. Indiase mensen zullen nooit nee zeggen, dat is een term die zij niet gemakkelijk gebruiken. Om er toch achter te komen of ze nee bedoelen, helpt het om hetgeen wat afgesproken is door de persoon zelf te laten formuleren, zeker als het om ICT-softwareontwikkeling gaat, om te voorkomen dat het verkeerde wordt opgeleverd. Ook het "out of the box" denken wordt niet door Indiërs gedeeld. Datgene wat afgesproken is zal worden opgeleverd. Zelf initiatief nemen voor veranderingen die mogelijk het product beter maken, zal niet gebeuren. In Nederland is dit wel gebruikelijk. Indiër Karthik zegt daarover: *"Ik loop vaak op tegen het feit dat het niet duidelijk is wat er van me wordt verwacht. Langzaamaan weet ik steeds beter hoe de Nederlandse cultuur in elkaar zit. Het doorvragen is iets wat ik niet gewend ben, dat wordt namelijk in mijn cultuur als onbeleefd ervaren. Eigen interpretaties zijn niet wenselijk in mijn cultuur".* Zorg bij het outsourcen dus voor een duidelijk plan, zodat zelfinitiatief niet nodig hoeft te zijn. Ook dient daarbij rekening gehouden te worden met het tijdsverschil van 4,5 uur met Nederland. Bij onduidelijkheden zal de Indiër geen eigen initiatief tonen, waardoor mogelijk deze "kostbare" uren verloren gaan.

Interview: "Karthik geeft aan dat als hij een opdracht krijgt, hij die precies zo uitvoert zoals het er staat. Eigen interpretaties zijn niet wenselijk in het onze cultuur. Wanneer Nederlandse mensen boos worden voel ik mij vaak niet begrepen en durf ik eigenlijk ook niet vragen waarom ze nu boos zijn. Het is in mijn cultuur niet gepast om emotie te tonen op de werkvloer. Je moet echter doen wat je gevraagd wordt. Denken moet je aan een ander over laten."

De weg naar succes

Om ervoor te zorgen dat de samenwerking tussen beide partijen goed verloopt en succesvol wordt afgerond moeten er zoveel mogelijk culturele verschillen tussen Nederlanders en Indiërs worden aangekaart. Beide partijen leren van elkaars gewoonte waardoor er een band ontstaat. De Nederlandse cultuur is vrij open in vergelijking tot India waarbij de cultuur over het algemeen weinig verandert en nog steeds traditioneel is. De manier van communiceren kan hierdoor verkeerd geïnterpreteerd worden, negatieve uitlatingen houden Indiërs liever voor zich. Dattaraj gaf aan dat hij het fijn vindt dat Nederlanders open en eerlijk zijn, als dit positief wordt gebracht motiveert dit alleen maar om nog beter je best doen.

Indiërs zijn over het algemeen hardwerkende mensen, de kantoorcultuur in India verschilt enorm per organisatie. Traditionele organisaties maken nog veel gebruik van de hiërarchische structuur, die wordt gehandhaafd tijdens een proces. Voor een groot deel luisteren de werknemers vooral naar de persoon die direct boven hen staat. De partij in Nederland dient rekening te houden met de verschillende bedrijfsculturen. Organisaties in India mogen een werknemer van de een op de andere dag ontslaan, er is geen wettelijke verplichting om een medewerker de volgende dag nog een baan aan te bieden in tegenstelling tot Nederland waarbij er voldaan moet worden aan wettelijke verplichtingen. Als team wordt er verwacht dat ieder zich individueel genoeg inzet om het einddoel op tijd te behalen, er wordt geholpen indien iemand vastloopt op vraagstukken.
Indiërs staan bekend om een voorstel altijd te aanvaarden, de reden waarom zij altijd akkoord gaan met een voorstel is, omdat het in India niet gebruikelijk is om nee te zeggen tegen een opdracht. In Nederland is het een goed recht om met een tegenargument te komen waar ook naar geluisterd wordt door de klant. In India is de klant koning, hij of zij bepaalt wat er gedaan moet worden en op welke termijn er geleverd moet worden. Indien er een tijdsperiode wordt opgegeven die niet haalbaar is zal er met moeite tegenin gegaan worden.
Als de outsourcer met succes haar diensten door de belanghebbende in India wil laten leveren moet er rekening gehouden worden met een aantal punten. Geef goed van tevoren aan op welke termijn er geleverd moet worden. Zorg dat de organisatie en de manier van werken gezien wordt door de leverende partij in India, gewoontes in beide landen kunnen enorm verschillen

waardoor het eindproduct niet zo is als verwacht en de leverende partij heeft geen idee waarom niet aan de verwachtingen is voldaan. Dattaraj gaf een mooi voorbeeld *'Op het moment dat ik vanuit India iets moet ontwikkelen voor een mediabedrijf in Nederland, neem ik de media uit mijn eigen land als voorbeeld. Dit verschilt enorm met de standaarden in Nederland waardoor het eindresultaat niet is als verwacht'.* Als er rekening gehouden wordt met de manier van werken binnen de organisatie, moet het oursourcen van de diensten uiteindelijk leiden tot een groot succes.

Conclusie

Het outsourcen van IT-gerelateerde werkstukken naar India wordt over het algemeen veel gedaan. Waar dit vroeger vooral om financiële redenen werd gedaan is het tegenwoordig meer een noodzaak wegens te kort aan personeel. In India zul je niet snel een tekort hebben aan professionele IT-specialisten, hierdoor kun je snel bijschakelen op gebied van personeel met verstand van zaken. Door de culturele verschillen en de andere manier van denken (cultuurverschil) tussen India en Nederland is het verstandig te leren van elkaar. Door te begeleiden en te trainen kunnen beide partijen in korte periodes servicegerichte producten opleveren met als eindresultaat een tevreden klant. Relaties tussen de opdrachtgever en de opdrachtnemer zijn belangrijk in de Indische cultuur, het is normaal om alle wensen die de klant heeft te beantwoorden met een 'ja'. Op deze manier geef je de klant het gevoel dat zij door de juiste personen geholpen worden.

Er wordt in India geen verschil gemaakt in de religieuze keuze, de hiërarchie daarentegen kan nogal verschillen. In Nederland krijgt ieder gelijke kansen ongeacht geloof. Door transparant te zijn in deze verschillen ontstaat er inzicht in de Nederlandse cultuur, wat positief opgevat kan worden.
Als er wordt getwijfeld bij het outsourcen naar India hoeft de organisatie in Nederland zich in ieder geval niet druk te maken over het tekort aan IT-expertise. India staat nog steeds bekend om een land waar elk jaar ontzettend veel IT-kennis wordt vergaard en dit zal de komende jaren alleen nog maar groeien. Zolang de doelstellingen van de organisatie in Nederland goed in kaart zijn gebracht en de conclusie is dat er daadwerkelijk een tekort is aan IT-expertise, zal India zeker een goede keuze zijn.

Indonesië

Steven Gietelink & Timothy Siebes

Op nummer 5 van de 25 populairste landen voor outsourcing is Indonesië te vinden. Dit komt grotendeels doordat Indonesië tot de lageloonlanden behoort, waardoor het een aantrekkelijk land is voor het outsourcen van IT-toepassingen. De huidige president van Indonesië investeert aanzienlijk in de aantrekking van westerse bedrijven voor het outsourcen in Indonesië. Tijdens zijn campagne in 2014 was één van de belangrijkste punten het aantrekkelijker maken van Indonesië voor westerse bedrijven doormiddel van het verminderen van regelgeving en het verstrekken van staatssteun aan bedrijven. Door deze regeling is de groei flink toegenomen en is de hoofdstad Jakarta een broeinest geworden voor ondernemingen in de IT-sector.

Het land Indonesië ligt in Zuidoost-Azië en Oceanië. Indonesië bestaat uit een eilandengroep (archipel) van 15.572 eilanden en is daarmee de grootste eilandenstaat ter wereld. Deze eilandvorming heeft als voordeel dat Indonesië direct grenst aan de welbekende Silk road handelsroute. Deze benaming dient natuurlijk niet verward te worden met de digitale "Silk road" die zijn naam geen eer aan doet. De huidige schatting die is afgegeven door marketline is dat de ontwikkelingen van IT-middelen in Indonesië zal groeien met 17,4% in 2021 t.o.v. 2016. Hierdoor zal de IT-industrie in Indonesië verantwoordelijk zijn voor een omzet van 908 miljoen dollar. Deze groei is mede te danken aan de komst van goed en stabiel internet in Indonesië, waardoor het een steeds belangrijkere rol in de IT-branche heeft gekregen. Daarnaast wordt er steeds meer gebruik gemaakt van nieuwe technologie.

Cijfers & Statistieken

In 1997 vond de Aziatische financiële crisis plaats die voor veel werkenloosheid zorgde in Indonesië. In 2007 geldt als het kookpunt en was 11,24% van de gehele bevolkingsgroep werkeloos. In de vervolgperiode 2007-2014 stonden de bedrijven weer open om personeel aan te nemen met het gevolg dat sinds 2014 het werkeloosheidsgehalte rond de 6% schommelt. Indonesië is een relatief goedkoop land voor goederen en diensten. Het verschil is goed te zien als we de prijzen voor levensonderhoud in Jakarta, de hoofdstad van Indonesië, vergelijken met die van Amsterdam. In Jakarta zijn bijvoorbeeld de huurprijzen 67%, de restaurantprijzen 73%, consumentenprijzen 49% en de boodschappen prijzen 31% goedkoper dan in Amsterdam. Maar als we vervolgens kijken naar Surabaya, wat na Jakarta de populairste stad is voor outsourcen, dan zijn die verschillen nog groter. In Surabaya zijn de prijzen voor de huur 87%, restaurant 81%, consumenten 57% en de boodschappen 38% goedkoper dan in Amsterdam.

Naast de prijzen wat betreft levensonderhoud zijn ook de belastingen in Indonesië aantrekkelijker gemaakt voor buitenlandse bedrijven. Het algemene belastingpercentage bedraagt 25%, maar er zijn enkele uitzonderingen. Zo hoeven bedrijven die op de beurs van Indonesië genoteerd staan en in totaal meer dan 40% van hun aandelen publiekelijk beschikbaar maakt, maar 20% belasting te betalen. Voor bedrijven die een omzet hebben van minder dan 50 miljard IDR geldt een belastingtarief van 12.5% en voor bedrijven met een omzet van minder dan 4.8 miljard IDR geldt een belastingtarief van 1%. De inkomstenbelasting voor personen kent 4 verschillende tarieven. De lonen in Indonesië voor IT-specialisten liggen een stuk lager dan in Nederland. In de volgende tabel zijn de salarissen vergeleken met die van Indonesië in verschillende expertise gebieden in de IT. De uitgedrukte waarde is een netto jaarsalaris omgerekend naar euro's.

Functie	Nederland	Indonesië
IT-Servicedesk	€ 24.000,-	€ 4000,-
Softwareontwikkelaar	€ 55.000,-	€ 6298,-
IT Beheerder	€ 40.000,-	€ 10.485,-
IT-Consultant	€ 60.000,-	€ 11.074,-

Cultuur

Door een enorme bevolkingsdichtheid en het rijke verleden zijn de omgangsvormen heel verschillend in Indonesië. Vanuit de overheid wordt er sterk invloed
uitgeoefend op sociale controle binnen de samenleving. De Indonesische cultuur
kent drie dimensies, namelijk; religie, democratie en harmonie.

In Indonesië wordt meer tijd en aandacht besteed aan religie dan in Nederland.
De meest voorkomende religie is de Islam. In de Islamitische religie is het
gebruikelijk om vijf keer per dag te bidden. Afhankelijk van de werktijden vallen 2
of 3 van deze 5 momenten binnen de werktijd. In Indonesië is het dan ook
gebruikelijk dat er ook tijdens de werktijd gebeden wordt. Op de werkvloer zijn
meestal aparte ruimtes voor ingericht waar medewerkers zich terug kunnen
trekken om te bidden.

Wat betreft de tweede dimensie democratie, zie je dat er veel aandacht besteed
wordt aan de bestrijding van corruptie, het streven naar gelijkheid en het
opzetten van een adequate rechtelijke macht. Ook wordt de wet en regelgeving
steeds meer gecentraliseerd en de inwoners krijgen meer rechten. In vergelijking
met de Nederlandse democratie heeft Nederland meer structuur en
transparantie.

De derde dimensie harmonie uit zich in de omgang tussen personen. In de
cultuur van Indonesië is respect voor elkaar belangrijk. Dit zorgt ervoor dat er
minder directe communicatie is zodat gevoelens bij een ander niet geschaad
worden. Ook in het bedrijfsleven zie je harmonie terugkomen in het zoeken naar
consensus en compromissen. Hierbij speelt de leeftijd ook een belangrijke rol. Zo
dient iemand die jonger is respect te tonen als diegene waarmee hij zakendoet
een ouder persoon is. In Nederland is de communicatie veel directer naar
medewerkers en collega's. Wat men denkt wordt vaak ook uitgesproken.

Culturele aandachtspunten

Om goed in Indonesië te kunnen opereren is het van belang om de achtergrond
van de cultuur te respecteren en daarop te acteren. Praktisch betekent dit dat
men moet streven naar harmonie in het bedrijf en ruimte moet geven aan
religieuze en culturele uitingen. Ook is het uiten van waardering aan te bevelen,

mede als dankbaarheid tonen door complimenten te geven als een werknemer goed functioneert. Om beledigingen te voorkomen is het bij het geven van feedback belangrijk om niet te direct de persoon aan te spreken, maar op inhoudelijke wijze te communiceren. Daarnaast is het van belang om rekening te houden met gevoeligheden rondom promotie en leeftijdsverschillen tussen werknemers. Zo kan het gevoelig liggen als het bekend wordt dat een jonger personeelslid meer verdient dan een ouder personeelslid. Het wordt aanbevolen om proactief denken te stimuleren binnen de organisatie omdat werknemers hierin van nature terughoudend in kunnen zijn. Echter gezien de snelle modernisering en populariteit van sociale media zullen culturele verschillen snel overbrugd worden. Samengevat zijn Indonesiërs harde werkers met een doel in het leven. Zij hebben een grotere voorkeur voor een sociaal netwerk waarin het individu zich moet houden aan de normen en waarden van de maatschappij. Hiermee wordt een collectivistische maatschappij gevormd. In een collectivistische maatschappij staan onderlinge banden centraal en wordt er veiligheid en zekerheid binnen de groep gezocht.

De weg naar succes

Indonesië wordt steeds aantrekkelijker voor de Nederlandse ondernemer om de IT te outsourcen. De laatste jaren is er een significante toename van hoger opgeleiden, wordt regelgeving gecentraliseerd en versoepeld voor buitenlandse bedrijven, is er een enorme potentie aan arbeidskrachten gezien de 4e grootste bevolking ter wereld en nemen de technologische mogelijkheden toe. Uitdagingen voor het succes van IT-outsourcing naar Indonesië zijn voornamelijk gelegen in culturele aspecten. Echter is de verwachting gezien de modernisering van zowel bedrijfsleven als politiek, dat de culturele aspecten steeds minder een nadelige rol zullen spelen. Gezien het tijdsverschil en de afstand is het niet wenselijk om frequent heen en weer te reizen. Voor Indonesië is outsourcing en offshoring beide geschikt, echter wel in bepaalde scenario's. Zo is het wat betreft outsourcing aan te raden om een verhouding te creëren waarbij de opdrachten die uitgevoerd moeten worden, zo gedetailleerd mogelijk beschreven zijn. Op het moment dat er ruimte is die de ontwikkelaars zelf in moeten vullen, is de kans groot dat het resultaat er anders uit gaat zien dan men vooraf in gedachten had. Door het tijdsverschil is het niet prettig om vaak te telefoneren, maar om juist de ontwerpen gedetailleerd uit te werken, bijvoorbeeld door het aanleveren van gedetailleerde en volledig uitgewerkte wireframes. Hierdoor hebben de ontwikkelaars een duidelijk beeld van hoe het eruit moet komen te zien. Voor offshoring is het aan te raden om iemand aanwezig te hebben die begrip heeft voor de cultuur en weet hoe er mee omgegaan moet worden, maar bij voorkeur uit het westen komt of heel goed kan samenwerken met westerse collega's. Dit zodat de samenwerking en communicatie hierdoor beter verloopt doordat de beide partijen op dezelfde golflengte zitten.

Maleisië

Ricky de Ruiter, Wouter van Ruijven & Adam Rymaszewski

Maleisië is een land gelegen in Zuidoost-Azië, ten zuiden van China en buurland van Thailand en Indonesië. Het is een land met veel verschillende culturen en etnische groeperingen. Maleisië is overwegend een islamitisch land maar kent daarnaast enorm veel andere religieuze en culturele invloeden. Voorbeelden hiervan zijn een significante boeddhistische populatie en een kleinere christelijke en hindoe populatie. Maleisië staat al sinds 2004 op de 3e plaats van beste outsourcing locaties ter wereld. Door de overheid wordt al vele jaren geïnvesteerd in verschillende economische groeigebieden, en dan met name in de IT-sector. Dat heeft onder andere geresulteerd in de Multimedia Super Corridor (MSC). De MSC is een gebied gericht op de IT-sector en is zeer gunstig gelegen tussen Kuala Lumpur en het Kuala Lumpur International airport. Groot voordeel voor outsourcing is dat dit gebied voorzien is van een enorm goede (IT) infrastructuur. Naast het ontwikkelen van deze groeigebieden stimuleert de overheid (buitenlandse) bedrijven om zich hier te vestigen, dit doet de overheid door gunstige regelingen te bieden zoals jarenlange belastingvoordelen en de vrijheid om buitenlandse werknemers in Maleisië te laten werken.

MSC

In 1996 is Maleisië begonnen met de bouw van de Multimedia Super Corridor (MSC). De MSC is een initiatief van de Multimedia Development Corporation (MDeC). MDeC is een overheidsinitiatief om de digitale economie te bevorderen en te zorgen dat Maleisië een belangrijke speler wordt in de globale digitale revolutie. De MSC is uitgegroeid tot een enorm dynamisch IT- en communicatienetwerk met meer dan 2000 internationale, buitenlandse en lokale bedrijven, die zich bezighouden met: handel in producten, multimedia- en communicatiediensten, onderzoek en ontwikkeling. Het is een gebied met een grootte van 15km bij 50km en is strategisch gelegen, namelijk nabij Kuala Lumpur (hoofdstad van Maleisië) en het internationale vliegveld. Dit gebied is bij uitstek geschikt om IT-bedrijfs-onderdelen naartoe te outsourcen, vanwege de belastingvoordelen, infrastructuur gericht op IT en hoogopgeleide werknemers in de nabije omgeving. Goed om te weten is dat er speciale ICT-zones zijn opgezet binnen MSC Maleisië, zoals: Cyberjaya, Technology Park Malaysia (TPM), Kuala Lumpur Center (KLCC), Penang Cybercity-1 (PCC1), Pulau Pinang, KL Sentral en de Toren van Kuala Lumpur.

Cijfers & statistieken

In onderstaande tabel zijn gemiddelde salarissen van zowel Nederland als Maleisië te vinden, in Euro's.

Functie	Nederland	Maleisië
Modaal maandinkomen	€2024,-	€336,-
IT Professional		€1445,-
IT Project Manager		€1860,-
Junior programmeur	€2300,-	€840,-

Als er gekeken wordt naar de verschillen in het salaris van een Junior programmeur kan de conclusie getrokken worden dat er gemakkelijk 2.5 FTE (Voltijdsequivalent of fulltime-equivalent) aangetrokken kunnen worden voor hetzelfde bedrag dat er in Nederland uitbetaald wordt voor 1 FTE. Maleisië heeft 41 universiteiten en 400 hogescholen. Gemiddeld starten er 350,000 studenten per jaar met een nieuwe opleiding, waarvan de helft technische en wetenschappelijke opleidingen kiest. In Maleisië zijn er jaarlijks tussen de 135.000 en 200.000 afgestudeerden met bachelorsdiploma's, waarvan velen met ervaring in CRM, F&A, IT en HR Services. Het probleem in Maleisië is dat er meer vraag dan aanbod is op de arbeidsmarkt voor IT-werknemers. In 2015 besloeg het aanbod ongeveer 60% van de vraag voor IT-werknemers in het land. Om daar een oplossing voor te vinden investeert de overheid samen met de universiteiten en het bedrijfsleven in een breed aanbod aan verschillende IT-opleidingen, verschillende aantrekkelijke programma's en de MSC om zo meer studenten te trekken om te kiezen voor een IT gerelateerde opleiding.

Iedereen die inkomsten heeft ontvangen vanuit Maleisië, is voor dat jaar belastingplichtig in Maleisië. Ieder persoon die langer dan 182 dagen in Maleisië verblijft, wordt beschouwd als inwoner onder de Maleisische belastingwetgeving, ongeacht wat de afkomst van de persoon is.

Buitenlanders die zich in Maleisië bevinden onder het 'Malaysia My Second Home-programma' hoeven geen belasting te betalen over pensioen of over de inkomsten vanuit het buitenland.

De Maleisische valuta is de Maleise Ringgit (RM). Één RM is gelijk aan €0,21. De inkomstenbelasting ligt tussen 8% en 26% voor mensen die een inkomen hebben behaald tussen 5.000 en 1.000.000 RM en 28% - voor mensen met een inkomen van meer dan 1.000.000 RM.

Cultuur

Maleisië is een islamitisch land en het grootste deel (ongeveer 60%) van de Maleisische bevolking is dan ook islamitisch. Uiteraard is er een grote kloof tussen het leven in Europa en het leven in Zuidoost-Azië. Het is dan ook noodzakelijk om rekening te houden met een aantal belangrijke cultuurverschillen. Zo hechten Maleisiërs veel waarde aan het opbouwen van een langdurige, goede zakelijke relatie en zal het tijd kosten om deze relatie op te bouwen. Verwacht dus geen directe resultaten na een gesprek (of twee) met een potentiële business partner. Voordat het gepast is om over contracten te spreken, leer je je zakenpartner beter kennen onder het genot van een hapje en drankje. Verwacht tijdens deze gesprekken veel persoonlijke vragen. Voor de Maleisiërs is een persoonlijke relatie noodzakelijk alvorens er een zakelijke relatie opgebouwd kan worden.

In de Maleisische cultuur is de betekenis van woorden veel minder letterlijk dan voor ons Nederlanders. Woorden zijn minder belangrijk dan de intonatie en nonverbale communicatie zoals fysiek contact en gelaatsuitdrukkingen. Beleefdheid, verdraagzaamheid, harmonie en "gezicht" vormen de basis van het onderwijs in Maleisië. Het concept 'gezicht' is een onlosmakelijk onderdeel van de Maleisische cultuur. Je kunt op vele manieren gezichtsverlies lijden, maar wat er koste wat kost vermeden moet worden is het verliezen van de controle over je emoties. Probeer altijd positief over te komen in de omgang met Maleisiers.

De eenvoudigste manier om dit te doen is glimlachen, waarbij emoties als frustratie, verlegenheid of ontevredenheid idealiter verborgen dienen te blijven. Gezichtsverlies kan een negatieve invloed hebben op de (werk)relatie of deze in het ergste geval beëindigen. De Maleisische cultuur is sterk gebaseerd op verschillende religieuze normen en waarden. Voor Maleisiërs is fatalisme een belangrijk concept. Dit is de overtuiging dat succes, falen, kansen en pech, het resultaat zijn van de wil van God. Het resultaat hiervan is dat veel beslissingen in Maleisië worden genomen aan de hand van gevoel en dat feiten minder belangrijk zijn. Hierdoor kunnen onderhandelingen langer duren dan verwacht. Hiërarchie is een belangrijk onderdeel van de Maleisische cultuur, ook in het bedrijfsleven. De werkgever én oudere werknemers genieten een groot respect van de werknemers en het is dan ook ongepast om als werknemer kritiek te uiten op een meerdere. Neem dit in achting en probeer de dynamiek van de zakelijke contacten of de organisatie te leren kennen alvorens er begonnen wordt met de zakelijke besprekingen of onderhandelen. De relaties tussen leidinggevenden en werknemers zijn erg formeel en duidelijk zichtbaar.

Het is ook uitermate belangrijk om potentiële zakenpartners of zakelijke contacten met de juiste titel aan te spreken, wordt dat niet gedaan dan wordt dat over het algemeen gezien als een belediging. Hieronder een opsomming voor wat betreft de gebruiken rondom namen en zakelijke titels:

- Als een persoon een eretitel heeft en je deze kent, spreek de persoon dan hiermee aan, zonder de voor- of achternaam te noemen,
- Spreek iemand aan inclusief beroepstitel (professor, doctor),
- Zorg dat je de naam goed uitspreekt, laat de persoon deze desnoods nogmaals uitspreken

Behalve de bovengenoemde omgangsvormen die algemeen over de gehele populatie gelden, zijn er ook specifieke omgangsvormen die verschillen per bevolkingsgroep.

Maleisiërs

Maleisiërs zijn zeer indirect als het op confrontatie aankomt. Hierdoor is het belangrijk om directe vragen en confronterend commentaar te vermijden. In plaats van "Nee" te zeggen, reageer je bijvoorbeeld met "Ik zal het proberen". In Nederland zijn wij juist gewend om te zeggen wat we denken en te doen wat we zeggen. Wij zijn ook gewend om mensen vriendschappelijk aan te raken, een klopje op de schouder, dat is daar niet gebruikelijk. Een handdruk wordt echter wel steeds gewoner, al is het daar met beide handen.

Chinese en Indonesische Maleisiërs

Chinese en Indonesische Maleisiërs zijn in tegenstelling tot de inheemse Maleisiërs hardere onderhandelaars, beter te vergelijken met Nederlanders. Dit speelt voornamelijk bij handelsrelaties die worden aangegaan voor korte termijn of die heel erg gericht zijn op het behalen van directe winst. Let dus goed op bij onderhandelingen wat de motivatie van de andere partij is. Het grootste verschil in de manier in handelen tussen de Nederlandse cultuur en deze culturen is dat de Nederlanders vaak handelen met oog op de toekomst. Hierbij worden directe problemen vaak gemakkelijk afgedaan. Binnen de Chinese, en Indonesische culturen wordt juist veel aandacht besteed aan directe problemen, hoe groot of klein ze ook zijn. Opmerkingen als "Dat regelen we wel' kunnen snel lijden tot een groot verlies in gezicht/vertrouwen.

Islam

Bovenaan de lijst staat rekening houden met islamitische gebruiken, zoals de ramadan, andere feestdagen en het vrijdagsgebed. Vermijd het plannen van afspraken op vrije dagen of een lunchafspraak tijdens de ramadan.
De linkerhand wordt als onrein gezien, dus je dient de rechterhand te gebruiken wanneer je iets aanneemt of doorgeeft.

De punctualiteit is afhankelijk van de herkomst van je zakenpartner. Chinese Maleisiërs zijn bijvoorbeeld altijd op tijd en verwachten hetzelfde van de zakenrelatie. Inheemse Maleisiërs en Indiërs daarentegen, zijn minder punctueel, maar verwachten wel dat jij op tijd bent, ook al zijn ze dat zelf waarschijnlijk niet. Tijdens de eerste vergadering is een sterke handdruk de juiste vorm van begroeting. Als je iemand begroet van het andere geslacht wacht je af tot de ander dit gebaar initieert. Bij kennismaking is het ook de gewoonte om kaartjes uit te wisselen. Om extra eerbied te tonen is het gebruikelijk om bij het uitwisselen van de visitekaartjes eerst een paar seconden aandachtig te lezen wat erop staat voordat je het kaartje wegstopt.

De weg naar succes

Er zijn natuurlijk vele manieren om tot succes te komen. In het geval van Maleisië komt het vooral neer op het gebruik maken van de beschikbare resources en mogelijkheden die met name door de overheid worden gecreëerd. Een voorbeeld is het verkrijgen van de MSC-status. Momenteel hebben ruim 4000 bedrijven de MSC-status verworven. Met deze status krijgen bedrijven:

- Belastingvoordelen (De eerste 10 jaar geen inkomstenbelasting en de eerste 5 jaar geen investeringsbelasting).
- Bescherming voor Intellectuele eigendommen
- Ondersteuning van MDeC

Om MSC-status te verwerven, zal er eerst een aanvraagtraject doorlopen moeten worden bij 'Wizard'. Wizard is een online-aanmeldsysteem voor de aanvraag van de MSC-status. Het is zeer belangrijk voor bedrijven die zich hier willen vestigen, om zich hier verder in te verdiepen.

Een mooi voorbeeld is de Amsterdamse startup 'Saleduck'. Het bedrijf begeeft zich in de markt van kortingscouponnen en heeft vestigingen in Europa en Azie. Saleduck is een startup die goed snapt dat er culturele bruggen geslagen moeten worden voor een succesvolle vestiging in het buitenland. Zo investeert het management van Saleduck hevig in het maken van lokale contacten.

"Voordat we naar Maleisië gegaan zijn we regelmatig die kant opgevlogen en lid geworden van de Nederlands -Maleisische Business Council." (uit het interview van Tijmen de Groen, 12-08-2016).

Advies is dus altijd om op zoek te gaan naar *'één of twee personen die de spreekwoordelijke deuren voor je openen in een ander land'*. Daarnaast moet er altijd gedegen onderzoek gedaan worden naar de markt en het land zelf. Op deze manier heeft Saleduck in Maleisië nu de MSC-status verkregen. Daarmee hoeft het bedrijf geen vennootschapsbelasting te betalen en is het voor buitenlandse medewerkers makkelijker om in het land een werkvergunning te krijgen. De reden dat Saleduck voor Maleisië gekozen heeft is o.m. de centrale ligging van het land in Zuidoost-Azie, de financiële voordelen die het bedrijf heeft weten te behalen met de MSC status en de groeiende e-commerce markt in de regio. Bovendien heeft het feit dat Saleduck een vestiging heeft in deze regio ervoor gezorgd dat het bedrijf makkelijker samenwerkingen heeft weten te realiseren met grote multinationals. Dit komt uiteraard ten goede aan de algehele groeistrategie van de startup. Zo zijn er natuurlijk talloze voorbeelden te noemen, bedrijven die outsourcen naar Maleisië en enorme voordelen behalen. Uiteindelijk komt het erop neer dat Maleisië een aantrekkelijk land is om IT-werkzaamheden naar te outsourcen, en dan met name vanwege het financiële aspect. Probeer ook voordeel te halen uit de lokale arbeidsmarkt. Maleisië heeft veel goed opgeleide mensen te bieden in de IT-sector die hard willen werken voor een significant lager salaris dan wij hier gewend zijn. Ondanks dat er een tekort heerst ten opzichte van de vraag aan IT-medewerkers zijn er voldoende kansen om personeel te werven. De gemiddelde Maleisiër zal kiezen voor een bovengemiddeld salaris. Daar is dus zeker nog een voordeel t.o.v. de concurrentie te behalen. Een andere grote succesfactor is het hebben van de juiste ingangen. Introducties worden in Maleisië als heilig gezien. En de juiste contacten kunnen zorgen voor een hoop verschillende ingangen, mits je hier tijd in investeert. Leg contact met de Nederlandse Ambassade of de de 'Malasyan Dutch Business Counsel'. Op deze manier is er direct een aanspreekpunt dat kan helpen bij het leren van de culturele omgangsvormen.

Maleisië is een land met een zeer goede digitale infrastructuur, maak daar dan ook zeker gebruik van. Het leggen van contacten met lokale pers, lokale vakbladen of lokale/internationale vakgerichte communities is ook essentieel voor het bereiken van succes. Kortom, Maleisie is zeker een interessant land voor het outsourcen van IT-werkzaamheden. Wees er wel op bedacht dat er grote culturele verschillen zijn, dat er een grote geografische afstand is en dat er daardoor een groot tijdsverschil is. Praktisch gezien kan dit voor drempels zorgen, die met de juiste kennis en contacten zeker niet onoverkomelijk zijn. De keerzijde is dat de potentiële financiële voordelen erg groot kunnen zijn en zeker het verschil kunnen maken tot het succesvol outsourcen van IT.

Bibliografie

China

CBS, Internationaliseringsmonitor-2017-vierde-kwartaal (2017). Den haag. Centraal Bureau voor de Statistiek. Gevonden op https://www.cbs.nl/nl-nl/publicatie/2017/50/internationaliseringsmonitor-2017-vierde-kwartaal

CountryData, CountryData china november 2017. (2017). New York: The Economist Intelligence Unit N.A., Incorporated. Gevonden op https://search-proquest-com.rps.hva.nl:2443/docview/1958506486?accountid=130632

Euromonitor, Economies and Consumers Annual Data (2018). Euromonitor International 2018. Gevonden op http://www.portal.euromonitor.com.rps.hva.nl:2048/portal/statisticsevolution/index

Interview met eigenaar van een chinees outsourcing bedrijf, 2018, (chinees perspectief)

Interview met risk controller IOI Loders Croklaan, 2018, Nederland, internationaal bedrijf (nederlands perspectief)

Investopedia, Special Economic zone – SEZ (2018) Gevonden op: https://www.investopedia.com/terms/s/shenzhen-sez-china.asp

Morganmckinley, Morganmckinley IT salary survey guide (2017) gevonden op: http://www.morganmckinley.com.cn/en/article/2017-it-salary-survey-guide

RVO, Handels- en investeringscijfers China-Nederland. (2017). Nederland. RVO. Gevonden op https://www.rvo.nl/sites/default/files/2017/05/Dossier-china-mei-2017.pdf

Thibodeau, P. India to overtake U.S. on number of developers. Gevonden op: https://www.computerworld.com/article/2483690/it-careers/india-to-overtake-u-s--on-number-of-developers-by-2017.html

Payscale, Salary Data & Career Research Center, (2018) gevonden op https://www.payscale.com/research/CN/Country=China/Salary

Worldometers, China Population (2018). Gevonden op: http://www.worldometers.info/world-population/china-population/

X-rates, Chinese Yuan Forecast. (2018). Gevonden op: http://www.x-rates.com/average/?from=EUR&to=CNY&amount=1&year=2008

基于_钻石模型_的中国离岸软件外包产业竞争力研究_梅万祺,2017, Mei Wanqi gevonden op: http://www.ixueshu.com/download/2792fc0368ef8170318947a18e7f9386.html

大连_中国IT外包中心 ,2016 , gevonden op: http://www.ixueshu.com/download/e3341fc7adcbc4c2.html

Estland

BusinessCulture.org, Estonian Business Culture. Geraadpleegd op 12 januari 2018, via http://businessculture.org/eastern-europe/estonia/

Communicaid.com, Cultures: Estonia. Geraadpleegd op 19 januari 2018, via https://www.communicaid.com/country/estonia/

E-Estonia, IT sector competences. Geraadpleegd op 3 februari 2018, via https://e-estonia.com/it-sector/

ExpatFocus, Estonia – Business Culture. Geraadpleegd op 18 januari 2018, via http://www.expatfocus.com/expatriate-estonia-business-culture

GlassDoor, Estonia developer salaries. Geraadpleegd op 12 januari 2018, via https://www.glassdoor.nl/Salarissen/estland-software-developer-salarissen-SRCH_IL.0,7_IN72_KO8,26.htm

Numbeo, Cost of living. Geraadpleegd op 19 januari 2018, via https://www.numbeo.com/cost-of-living/compare_countries_result.jsp?country1=Estonia&country2=Netherlands

Radkevitch-Turlo, V., Software development in Estonia: salaries, talent pool, challenges (2017). Geraadpleegd op 12 januari, via http://goaleurope.com/2017/01/06/outsourcing-software-development-estonia-developer-salaries-challenges/

Velykholova, Y., (2017). IT Outsourcing Overview: Estonia, Latvia, Lithuania. Geraadpleegd op 2 februari 2018, via https://www.n-ix.com/it-outsourcing-destinations-estonia-latvia-lithuania/

Visit Estonia, Estonia is a digital society. Geraadpleegd op 13 januari 2018, via https://www.visitestonia.com/en/why-estonia/estonia-is-a-digital-society

India

Cultuurverschillen India en Nederland. Geraadpleegd op 21 december 2017, via https://www.kvk.nl/advies-en-informatie/internationale-handel/zakendoen-met-/zakendoen-met-india/cultuurverschillen/

India, een land van uitersten. Geraadpleegd op 20 december 2017, via https://www.vso.nl/india?gclid=CjwKCAiAj53SBRBcEiwAT-3A2Iwob1LK29TjQ_9EWxu0ZXhHfJwoK7N--RLUikkC3ueM6yp47fU_jBoCrYQQAvD_BwE

India mogelijk derde grootste economie ter wereld. Geraadpleegd op 20 december 2017, via
http://www.agf.nl/artikel/167101/India-mogelijk-derde-grootste-economie-ter-wereld

Mahajan, Graduates within tech in India. Geraadpleegd op 12 januari, via https://dazeinfo.com/2014/10/28/1-5-million-engineering-pass-outs-india-every-year-fewer-getting-hired-trends/

Zwart, de. Nederlandse bedrijven lopen niet warm voor uitbesteding in landen als India. Geraadpleegd op 10 januari 2018, via
https://www.computable.nl/artikel/achtergrond/outsourcing/1429472/1444691/nederlandse-bedrijven-lopen-niet-warm-voor-uitbesteding-in-landen-als-india.html

Indonesië

Consultancy UK,The top 40 countries for business process outsourcing. Geraadpleegd via
https://www.consultancy.uk/news/3169/the-top-40-countries-for-business-process-outsourcing

Dhiraj, Top 26 Outsourcing Destinations For Information Technology (IT) companies: List of Countries. Geraadpleegd via
http://ceoworld.biz/2014/09/15/top-26-outsourcing-destinations-information-technology-companies-list-countries/

Indonesian Law No. 40 of 2007 on Limited Liability Companies (Company Law). Geraadpleegd via https://www.indonesia-investments.com/business/foreign-investment/company-law-indonesia/item8311?

Numbeo, Cost of living – Indonesia. Geraadpleegd via https://www.numbeo.com/cost-of-living/country_result.jsp?country=Indonesia

Numbeo, Higher Education: Indonesian Academia Must Open Up. Geraadpleegd via
http://www.gbgindonesia.com/en/education/2015/higher_education_indonesian_academia_must_open_up_11276.php

Pais, 5 Biggest US Companies That Offshore to India. Geraadpleegd via https://www.31west.net/blog/5-biggest-us-companies-offshore-india/

Salary statistics: Indonesia. Geraadpleegd via http://www.averagesalarysurvey.com/indonesia

Setiya, 10 facts about education in Indonesia. Geraadpleegd via https://factsofindonesia.com/facts-about-education-in-indonesia

Unemployment rate | Asia. Geraadpleegd via https://tradingeconomics.com/country-list/unemployment-rate?continent=asia

Workman, Indonesia's top 10 exports. Geraadpleegd via http://www.worldstopexports.com/indonesias-top-10-exports/

Litouwen

Belasting Adviseur Litouwen, Zaken doen in Litouwen(2017) opgehaald op 21 december 2017, via http://belastingadviseur-litouwen.com/belastingen-in-litouwen

BusinessCulture.org, Business Culture In Lithuania(2017) opgehaald op 21 december 2017,
via http://businessculture.org/eastern-europe/lithuania/

EENNL, Litouwse ondernemers zoeken Nederlandse handelspartners(2017) opgehaald op 21 december 2017,
via https://eennl.wordpress.com/2016/06/20/litouwse-ondernemers-zoeken-nederlandse-handelspartners

Europa.EU, Taxes abroad(2017).Income taxes abroad. Geraadpleegd op 6 februari 2018,
via https://europa.eu/youreurope/citizens/work/taxes/income-taxes-abroad/lithuania/index_en.htm

Gremmen, S., Waar vind je de beste IT'ers in Oost-Europa (2017) opgehaald op 21 december 2017, via https://fd.nl/fd-outlook/1132398/lezersvraag-waar-moet-je-als-bedrijf-zijn-in-oost-europa

Invest Lithuania, Top Tech Talent (2017) opgehaald op 6 februari 2018, via https://investlithuania.com/key-sectors/technology/

Invest Lithuania, Talent (2017) opgehaald op 6 februari 2018, via https://investlithuania.com/why-lithuania/talent/

Mes, J., Verhuis je ict bedrijf naar Litouwen(2017) opgehaald op 21 december 2017, via https://www.bnr.nl/podcast/zakendoen-in-europa/10332031/verhuis-je-ict-bedrijf-naar-litouwen

PWC, Business Guide Lithuania (2017) opgehaald op 21 december 2017,
via https://www.pwc.com/lt/lt/assets/publications/businessguide2016.pdf

Velykholova, Y., Estonia, Latvia, Lithuania (2017) opgehaald op 20 december 2017, via https://www.n-ix.com/it-outsourcing-destinations-estonia-latvia-lithuania/

Maleisië

Akbar, R. Demand for IT grads in the workforce (2015). Gevonden op
https://www.thestar.com.my/news/education/2015/08/30/demand-for-it-grads-in-the-workforce/

Centraal Bureau voor de Statistiek, Den Haag/Heerlen 24-1-2018 geraadpleegd op:
http://statline.cbs.nl/Statweb/publication/?VW=T&DM=SLNL&PA=70962NED&D1=a&D2=0&D3=0&D4=a&D5=0&D6=0&D7=(l-15)-l&HD=160216-1220&HDR=G3,G4,G1,G2,G5,T&STB=G6)

Communicaid (2017), https://www.communicaid.com/country/malaysia/)

Easyexpat (2015), http://www.easyexpat.com/nl/guides/maleisie/kuala-lumpur/werk/belastingen.htm

Embassy of Denmark, Malaysia (2017), sectors in focus, http://malaysia.um.dk/en/the-trade-council/malaysia-as-market/sectors-in-focus/

Haziq A. (2017), what-is-the-secret-to-success-young-m-sian-entrepreneurs-share-their-stories, geraadpleegt op:
http://www.malaysiandigest.com/frontpage/282-main-tile/673909-what-is-the-secret-to-success-young-m-sian-entrepreneurs-share-their-stories.html)

Janse, A. Maleisië op de sourcingskaart (2017) geraadpleegt op:
https://www.google.nl/url?sa=t&rct=j&q=&esrc=s&source=web&cd=1&cad=rja&uact=8&ved=0ahUKEwjPzZaP-NrYAhWDCOwKHYgLCJsQFggoMAA&url=https%3A%2F%2Fplatformoutsourcing.nl%2Ff%2Ffiles%2Fdownload%3Ff%3Ddocumenten%2Fscriptieprijs%2Fmaleisiopdesourcingskaart.pdf&usg=AOvVaw2de3uMEEo7mbpngd-KIl56

Malaysian Investment Development Authority (MIDA) 2017http://www.mida.gov.my/home/human-resource/posts/

MDEC, 2016, https://www.mdec.my/assets/migrated/pdf/2015-MSC-Malaysia-Annual-Industry-Report-final.pdf

MDEC, 2017. http://www.digitalmalaysia.my/msc-malaysia/why-invest-in-malaysia

nederlandwereldwijd.nl, 2017, zakendoen in maleisie https://www.nederlandwereldwijd.nl/landen/maleisie/zakendoen

Rijksdienst voor Ondernemend Nederland, 2017, Maleisiëhttps://www.rvo.nl/onderwerpen/internationaal-ondernemen/landenoverzicht/maleisie

Outsourcingmalaysia.org.my, 2017. http://www.outsourcingmalaysia.org.my/article/view/item_id/5.html?menu_id=26

Reizen-en-recreatie.infonu.nl, maleisie-wat-zijn-de-dos-and-donts (2017). Gevonden op https://reizen-en-recreatie.infonu.nl/diversen/77108-maleisie-wat-zijn-de-dos-and-donts.html)

Saleduck. Interview in Malaysia with CEO Domingo Kartsten (2017). Gevonden op
http://press.saleduck.com/press/2017/01/interview-in-malaysia-with-ceo-domingo-karsten

saleduck.com,March 15, 2016 Nederlandse start-up opent kantoor in Kuala Lumpur, geraadpleegt
op:http://press.saleduck.com/press/2016/03/nederlandse-startup-opent-kantoor-in-kuala-lumpur)

Schutte, G. J. (Ed.) (2002). Het Indisch Sion. De Gereformeerde kerk onder de Verenigde Oostindische Compagnie. (Sexta Historien; No. VII). Hilversum: Verloren.)

Sethi, A., Gott, J. The widening impact of automation. Gevonden op https://www.atkearney.com/digital-transformation/gsli

Rijksdienst voor Ondernemend Nederland, 2017, Maleisiëhttps://www.rvo.nl/onderwerpen/internationaal-ondernemen/landenoverzicht/maleisie

Veelzijdigmaleisie.nl. Wonen en werken in Maleisië. Gevonden op http://www.veelzijdigmaleisie.nl/wonen-en-werken-in-maleisie.htm

Polen

Aaltonen, S & Kakderi, C & Hausmann, V & Heinze, Social media in Europe: Lessons from an online survey,
http://usir.salford.ac.uk/28500/

Brandhof, van den A. (2017, 2 juli) Wonen en werken in Warschau: 10 vragen en antwoorden.
https://www.intermediair.nl/carriere/verandering/werken-het-buitenland/Wonen-en-werken-in-Warschau-10-vragen-en-antwoorden?utm_referrer=https%3A%2F%2Fwww.google.nl%2F

Fricke S. and Doktor W., Poland outsourcing guide (2017), http://www.outsourcing-destinations.org/poland-outsourcing-guide/

Horckmans, M. (2013), Polen is de grootste outsourcingbestemming van Europa geworden. Opgehaald van
https://nl.express.live/2013/03/04/polen-is-grootste-outsourcing-bestemming-van-europa-geworden-exp-186992/.

MKB Servicedesk (2018), opgehaald van
https://www.bna.nl/fileadmin/user_upload/BNA_International/Overige_landen/Onderneem_Polen.pdf

Slomska, L. and Szelfer, E., (2017) Activity of enterprise activity of companies, https://stat.gov.pl/en/topics/economic-activities-finances/activity-of-enterprises-activity-of-companies/economic-activity-of-entities-with-foreign-capital-in-2015,2,10.html

Wereldinformatie (2018), opgehaald december 2017. http://www.wereldinformatie.nl/xinfo/Polen/economie/36#.WIUjm1XiblV

Wolters, A., Language Switch, Achtergrond culturele verschillen Polen en Nederlanders. Opgehaald van
http://www.languageswitch.eu/achtergrond-culturele-verschillen-polen-en-nederlanders/ op 14 januari 2018.

Roemenië

Brainspotting, IT&C talent map. Geraadpleegd op 21 december 2017, via http://www.brainspotting.ro/wp-content/uploads/2017/03/Brainspotting_ITC-Talent-Map_Romania-17-18-1.pdf

Brainspotting, IT&C Talent map Romania. Geraadpleegd op 21 december 2017, via http://www.brainspotting.ro/wp-content/uploads/2015/10/Brainspotting_ITC_Talentmap_2015-2016.pdf

BusinessCulture.org, Business Communication. Geraadpleegd op 20 december 2017, via http://businessculture.org/eastern-europe/romania/business-communication

BusinessCulture.org, Business Etiquette. Geraadpleegd op 20 december 2017, via

http://businessculture.org/eastern-europe/romania/business-etiquette/

CBS, Geraadpleegd op 21 december 2017, via
https://opendata.cbs.nl/statline/#/CBS/nl/dataset/70962ned/line?ts=1514640537525

Codespring, Cluj, the Silicon Valley of europe. Geraadpleegd op 20 december 2017, via https://www.codespring.ro/news/cluj-the-silicon-valley-of-europe-as-seen-by-a-french-journalist?YWJjWVdkWlYyeDFaRzFXZFdSSFZubE1NMDVyWWxNd2VFNXFSbWhoWWc9PWFiYw%253D%253D

Flanders Investment & Trade, Kansrijke sectoren. Geraadpleegd op 01 februari 2018, via
https://www.flandersinvestmentandtrade.com/export/landen/roemeni%C3%AB/cijfers

Fricke, S. Romania outsourcing guide. Geraadpleegd op 21 december 2017, via http://www.outsourcing-destinations.org/romania-outsourcing-guide-2/

Fricke, S. Outsourcing Destination Guide. Geraadpleegd op 21 december 2017, via http://www.outsourcing-destinations.org/Downloads/OUTSOURCING_GUIDE_ROMANIA_REGISTERED.pdf

Gremmen, F., Waar vind je de beste IT'ers in Oost-Europa?. Geraadpleegd op 20 december 2017, via https://fd.nl/fd-outlook/1132398/lezersvraag-waar-moet-je-als-bedrijf-zijn-in-oost-europa

Gyssels, S., Nearshore outsourcing uitbesteden aan de buren. Geraadpleegd op 20 december 2017, via
https://www.smartbiz.be/business/143542/nearshore-outsourcing-uitbesteden-aan-de-buren/

LonelyPlanet, Romania. Geraadpleegd op 20 december 2017, via https://www.lonelyplanet.com/romania

RVO, ondernemen/landenoverzicht/roemeni%C3%AB/sectorinformatie

Vercouteren, B. Meer vraag naar hoogopgeleide IT'ers. Geraadpleegd op 20 december 2017, via
https://www.monsterboard.nl/ict/a/meer-vraag-hoogopgeleide-ITers-2

Waarom kiest Amplexor voor nearshoring in Roemenië?. Geraadpleegd op 20 december 2017, via
https://www.jobat.be/nl/artikels/waarom-kiest-amplexor-voor-nearshoring-in-roemenie/

Rusland

ACM-ICPC. Geraadpleegd via
https://en.wikipedia.org/wiki/ACM_International_Collegiate_Programming_Contest#2018_World_Finals

Cost of living. Geraadpleegd via: https://www.numbeo.com/cost-of-living/compare_cities.jsp?country1=Netherlands&country2=Russia&city1=Amsterdam&city2=Moscow&tracking=getDispatch
Comparison

Kersanava, L. (2012). Outsourcing vs. Outsourcing, part 1. Geraadpleegd via:

Patnaik, J. (2016). Can India outclass Russia as hub of complex software development?

Russia's Major Offshore Software Development Centers. Geraadpleegd via http://russoft.org/

The next Silicon Valley: Siberia. Geraadpleegd via:
http://archive.fortune.com/magazines/fortune/fortune_archive/2007/04/02/8403482/index.htm

Why choose Russia? Geraadpleegd via http://www.software-russia.com/why_russia/why_choose_russia

Geselecteerde voorgaande CCBS-uitgaven

Social Media, grenzeloos goed
Landspecifieke analyses van zakelijk social mediagebruik
2017, HvA - BIM Programma Management
ISBN 978-90-79646-35-7

Gedeelde wereld
Hoe bedrijven grenzeloos social media bedrijven
2016, HvA - BIM Programma Management
ISBN 978-90-79646-31-9

Plugging APP's abroad
an intercultural benchmark of global business IT practices
2015, HvA - BIM Programma Management
ISBN 978-90-79646-26-5

9 789079 646395